LA CONCURRENCIA DE CONVENIOS COLECTIVOS. UN ESTUDIO COMPARADO DE LOS ORDENAMIENTOS LABORALES ESPAÑOL Y PORTUGUÉS

LA CONCURRENCIA DE CONVENIOS COLECTIVOS. UN ESTUDIO COMPARADO DE LOS ORDENAMIENTOS LABORALES ESPAÑOL Y PORTUGUÉS

Marcos Ramos Souto

Prólogo de Alberto Arufe Varela
y Jesús Martínez Girón

Atelier
LIBROS JURÍDICOS

Colección: Atelier Laboral
Director:
José Ignacio García Ninet
Catedrático de Derecho del Trabajo y de la Seguridad Social

Este libro ha sido sometido a un riguroso proceso de revisión por pares.

© 2025 Marcos Ramos Souto

© 2025 Atelier
     Santa Dorotea 8, 08004 Barcelona
     e-mail: editorial@atelierlibros.es
     www.atelierlibrosjuridicos.com
     Tel. 93 295 45 60

I.S.B.N.: 979-13-87867-01-0
Depósito legal: B 12561-2025

Impresión: Winihard

SUMARIO

PRÓLOGO

Este libro de Marcos Ramos Souto, sobre «La concurrencia de convenios colectivos. Un estudio comparado de los ordenamientos laborales español y portugués», reproduce con algunas adaptaciones formales su trabajo de tesis doctoral con mención internacional, que nosotros dos tuvimos el inmenso placer de dirigirle, dialogando mucho con él a lo largo de prácticamente tres años. Las adaptaciones formales se imponían, al tratarse ahora de una obra pensada para circular en el mercado editorial hispanohablante (originariamente se trataba de un escrito bilingüe, redactado en castellano y en inglés). Aunque la comparación realizada por nuestro antiguo doctorando se refiriese a los Derechos colectivos del Trabajo español y portugués, nos interesaba que el trabajo originario fuese concebido en castellano e inglés, y no en castellano y portugués. Nuestro antiguo doctorando se manejaba con absoluta fluidez en todas esas lenguas, pero no así, en cambio, un catedrático alemán, que queríamos que figurase como miembro del tribunal juzgador de la tesis, a quien la lengua portuguesa le resultaba relativamente extraña, a diferencia de lo que sucedía con el inglés. El diálogo que mantuvieron dicho catedrático y nuestro antiguo doctorando durante el acto de lectura, mantenimiento y defensa del trabajo de tesis doctoral, que tuvo lugar el día 7 de marzo de 2025, nos parece del más alto nivel científico, habiéndonos impresionado a nosotros dos la afirmación que este catedrático alemán realizó, relativa a que el núcleo temático de la tesis (focalizado, como dentro de un momento pondremos de relieve, en los convenios colectivos verbales) sería un excelente trabajo original de investigación, perfectamente susceptible de poder realizarse en Alemania, incluso como tema de tesis doctoral, dado que los convenios colectivos verbales son un tema tabú y, aparentemente, *contra legem* en el *kollektives Arbeitsrecht*, a pesar de estar él totalmente seguro de que dicha clase de convenios colectivos no solamente existe, sino también de que es plenamente eficaz, como subespecie de la negociación colectiva empresarial, en Alemania.

En realidad, el tema del trabajo doctoral nos lo sugirió nuestro antiguo doctorando. Marcos trabaja en el Departamento de Recursos Humanos de un banco privado de matriz gallega, pero con importante implantación en Latinoamérica y Norteamérica, así como también en Portugal. Nos contó que le había sorprendido el hecho de que en las empresas portuguesas se aplicase simultáneamente una pluralidad de convenios colectivos distintos, de idéntico ámbito funcional y territorial, aunque negociados con la empresa por diversos sindicatos, lo que no sería —en principio— posible en España. Evidentemente, la realidad portuguesea a la que Marcos se enfrentaba tenía que ver con las problemáticas ligadas a la concurrencia de convenios colectivos. Un tema, en nuestra opinión, muy baqueteado doctrinalmente, tanto en Portugal como en España, aunque intuíamos que quedaba hueco para su tratamiento como trabajo de tesis doctoral, si es que procedía a justificar su originalidad. Sobre ello, animamos al eventual lector de este libro a que comience por la parte introductoria del trabajo. En ella, se contiene una justificación preciosista, a nuestro parecer, del cumplimiento del imperativo legal impuesto, entre otras normas, por los Estatutos de nuestra Universidad de A Coruña (institución en la que iba a defenderse el trabajo), al aparecer en ella un repaso exhaustivo de literatura jurídica portuguesa y española sobre la concurrencia de convenios colectivos, en el que resultaba clara la existencia de un hueco —no abierto, en absoluto, a codazos— que había que colmar, orientándose a ello la realización de este trabajo doctoral. El hueco lo evidenciaba la concreta metodología jurídica a utilizar por nuestro doctorando, que era la metodología jurídica comparativa bipolar o a dos bandas, teniendo en cuenta que no existía ni en la literatura jurídico laboral española, ni tampoco en la literatura jurídico laboral portuguesa, ningún trabajo doctrinal que hubiese ya roturado el terreno que nuestro doctorando se proponía abonar y sembrar.

Las tres Partes en que se estructura el libro vienen a ser, en realidad, un proceso continuo de diálogo, interacción o, si se prefiere, de *feedback* entre dos polos jurídicos representados por nuestro Estatuto de los Trabajadores y su prohibición de concurrencia de convenios colectivos, de un lado, y por el Código portugués del Trabajo con su permisividad de la concurrencia de convenios colectivos, aunque tomando esta última expresión (como agudamente matiza Marcos Ramos Souto) no en sentido legal estricto, sino más bien en sentido jurídico lato. Como es lógico, ese *feedback* tomó como punto de partida el Derecho portugués, aclarando nuestro autor que la regla general en Portugal es la de la existencia de convenios colectivos de eficacia normativa limitada (basada, además, en el principio de la doble afiliación), en el polo opuesto —como se ve— de la realidad normativa que tenemos en España, dado que el Título III de nuestro Estatuto de los Trabajadores sólo contempla, en principio, la existencia de convenios colectivos de eficacia normativa general. Ante esta situación, nuestro antiguo doctorando aplicó en toda su pureza la metodología jurídica comparatista, que le obligaba a comparar magnitudes que no fuesen heterogéneas (como nuestro autor indica, no cabía comparar lo que los alemanes llaman «peras y manzanas», lo que los españoles llamamos peras y melones, refiriéndose la heterogeneidad portuguesa a la comparación de *«alhos e bugalhos»*, expresión que Marcos traduce con toda precisión jurídica como «ajos y agallas»). Se imponía así, tomando como punto de partida el polo portugués, regresar al Derecho colectivo español, pero descartando la realidad normada en el Título III del Estatuto de los Trabajadores, dado que la realidad jurídico convencional española más parecida a la portuguesa (y consecuentemente, más homogénea con ella) tenía que referirse a los usualmente llamados convenios colectivos «extraestatutarios».

Estos últimos, como pone de relieve nuestro doctorando en su libro, son una realidad poliforme. Y puestos a elegir dentro de ella, tiró del hilo de una muy peculiar subespecie de los convenios colectivos «extraestatutarios», de altísimo interés jurisprudencial y doctrinal, que era la de los convenios colectivos «extraestatutarios» verbales, que nuestro autor también denomina en su trabajo —al efecto de remarcar lo relativamente insólito del asunto— convenios colectivos «extraestatutarios» extraordinarios. Tirando de ese hilo fabricó un ovillo, representado por multitud de resoluciones judiciales españolas admitiendo la plena validez y eficacia normativa de dicha concreta subespecie insólita de los convenios colectivos «extraestatutarios», con interesantísimas observaciones relativas a la prueba en juicio de su existencia, al tener claro nuestro autor que, si esa prueba plena se lograba, la convicción del juez acabaría siendo la de que no podría eludirse otorgar eficacia normativa a lo que así se había colectivamente pactado. Pero nuestro autor hizo más. Volvió a efectuar un viaje de regreso, desde el Derecho colectivo español al Derecho colectivo portugués, cargado con ese peculiar *feedback*, y tuvo éxito, pues logró encontrar una Sentencia (en portugués, un «*Acordão*») del Supremo Tribunal de Justicia, aplicando con toda naturalidad un convenio colectivo verbal portugués, cuya interpretación se debatía, y que acabó siendo aplicado, pues vinculaba a los sujetos colectivos que lo habían celebrado. Esto es lo que interesó al catedrático alemán a que antes hacíamos referencia. Le motivó la afirmación de nuestro antiguo doctorando, relativa a que los convenios colectivos verbales vienen a ser algo así como el aceite que engrasa el motor de las empresas, sin los cuales todo serían conflictos, apuntando incluso la idea de que puede haber en un país de corte jurídico continental, como los nuestros, miles y miles de ellos simultáneamente vigentes, sin que por ello les afecte la prohibición de concurrencia, legalmente pensada para encarar otro tipo de problemas.

Como antes anticipábamos, el debate de estos asuntos el día de enjuiciamiento del trabajo de tesis doctoral de nuestro antiguo doctorando resultó especialmente brillante, así como de una altura científica que honraban al tribunal juzgador y a nuestro antiguo alumno juzgado. A la actuación del tribunal juzgador le precedieron, de un lado, una estancia de investigación de tres meses realizada por Marcos en la Facultad de Derecho de la Universidad Lusófona de Lisboa, la cual resultaba preceptiva, dado que este trabajo pretendía lograr la obtención de lo que ahora se llama «mención internacional»; y de otro lado, de dos informes realizados por colegas portugueses, externos al tribunal juzgador, que evidenciaron el radical interés jurídico del tema sobre el que informaban, el cual exorbitaba por todas partes lo que en la doctrina científica laboralista portuguesa se conoce con el nombre de negociación colectiva «atípica». Sólo queda por aclarar que el tribunal juzgador, presidido por el catedrático coruñés de Derecho del Trabajo y querido y admirado colega nuestro, Xosé Manuel Carril Vázquez, y completado por el Profesor Doctor Holger Brecht-Heitzmann, catedrático de la Universidad Politécnica de la Agencia Federal de Empleo, en los campus de Mannheim y Schwerin, así como (actuando como secretaria) por la Profesora Yolanda Maneiro Vázquez, catedrática acreditada de nuestra disciplina en la Universidad de Santiago de Compostela, le otorgó la máxima calificación académica de sobresaliente, habiendo certificado luego la Escuela Internacional de Doctorado de nuestra Universidad de A Coruña, que el trabajo de Marcos se había hecho merecedor, aparte de la citada «mención internacional», también de la mención honorífica del *cum laude.*

Alberto Arufe Varela y Jesús Martínez Girón
Catedráticos de Derecho del Trabajo y Seguridad Social
Universidad de A Coruña

JUSTIFICACIÓN DE LA ORIGINALIDAD DEL TEMA, EN EL MARCO DE UN TRIÁNGULO COMPARATIVO

1. Por imperativo legal, la tesis doctoral es un trabajo investigador que tiene que redactarse ajustándose al cumplimiento de parámetros de originalidad, afirmando a este respecto los vigentes Estatutos de la Universidad de A Coruña[1] que «para la obtención del título de doctor por la Universidad de A Coruña será necesaria la superación de los estudios de tercer ciclo y la realización y defensa de una tesis de doctorado, consistente en un *trabajo* personal y *original de investigación* sobre una materia relacionada con el campo científico, técnico o artístico propio del programa de doctorado»[2]. Se trata de un imperativo tradicional, aunque la vigente Ley Orgánica 2/2023, del sistema universitario, sólo mencione una vez y como de pasada este tipo de trabajo, allí donde afirma que «en todo caso, será requisito para obtener la acreditación, la realización de actividades de investigación o docencia en universidades y/o centros de investigación distintos de aquella institución en la que se presentó la tesis doctoral, de acuerdo con los criterios establecidos reglamentariamente»[3]. Desde un punto de vista doctrinal, pare-

---

1. Aprobados por Decreto 101/2004, de 13 mayo (*Diario Oficial de Galicia* de 26 mayo 2004), modificados por el Decreto 194/2007, de 11 octubre (*Diario Oficial de Galicia* de 17 octubre 2007).
2. Artículo 51, apartado 3.
3. Artículo 69, apartado 1, párrafo segundo.

ce claro qué signifique «originalidad», habiéndose afirmado a este respecto todo lo siguiente: 1) puede ocurrir que «la originalidad y la novedad ... [sean] rigurosamente extremas ("vino nuevo en odre nuevo") en las antípodas del mero refrito doctrinal, que no aporta científicamente nada ("vino agrio en odre viejo")»[4], aunque esta extremosidad resulte desde luego excepcional (y en opinión de los dos co-directores de mi trabajo, jurídicamente inexigible a un mero doctorando); 2) «lo más usual es que la originalidad y la novedad acaben siéndolo sólo a medias ("vino nuevo en odre viejo")»[5], lo cual sí puede exigirse, en cambio, a un investigador novel; y 3) desde otro punto de vista, que debería consumarse «el ideal investigador [sobre el que escribió el maestro don Manuel ALONSO OLEA] de tapar huecos y abrir brechas»[6], entendiéndose que esto último se refiere siempre al punto de vista doctrinal, así como a que debe caber aquí la disyuntiva, además de la copulativa (en consecuencia «tapar huecos o abrir brechas»). En las páginas que siguen, intentaré ajustarme a estas pautas doctrinales, transitando por una metafórica escalera que se compone de cinco escalones sucesivos. En cualquier caso, ya anticipo —sin ninguna falsa modestia— que la originalidad de mi trabajo doctoral (que no pretende descubrir ningún Mediterráneo) lo será de nivel usual (recuérdese, «vino nuevo en odre viejo»), dudando acerca de si el resultado de mi esfuerzo investigador de estos últimos años tapará huecos o, por el contrario, se limitará meramente a abrir brechas (mi pronóstico, que arriesgo con prudencia, es el de que habrá más elementos de lo segundo que de lo primero).

---

4. Véase Jesús MARTÍNEZ GIRÓN, «Prólogo» a Alberto ARUFE VARELA, *El personal laboral de la Oficina Internacional del Trabajo de la OIT*, Comares (Granada, 2021), pág. XI.

5. *Ibidem.*

6. *Ibidem.*

A) SOBRE LA APARENTE INEXISTENCIA DE HUECO DOCTRINAL PARA REALIZAR UN ESTUDIO ORIGINAL SOBRE LA CONCURRENCIA DE LOS CONVENIOS COLECTIVOS ESPAÑOLES

2. Desde un punto de vista doctrinal, cabe afirmar que el tópico de la concurrencia de convenios colectivos (como se ve, sólo una parte del título de mi trabajo doctoral) es un tema de siempre en la doctrina científica laboralista española, resultando muy comprometido —respecto de él— hablar, por ello mismo, de la existencia de posibles nuevas aportaciones doctrinales eventualmente calificables como aportaciones «originales» (y más, a la vista de la imperativa exigencia de la legislación universitaria, a que acabo de referirme, relativa a la originalidad del trabajo de tesis doctoral). Sin necesidad de remontarse más atrás, lo trató con perfección muy grande MARTÍN VALVERDE en 1978 (por tanto, antes de la promulgación del Estatuto de los Trabajadores)[7], virtiendo sobre él afirmaciones doctrinalmente perennes, entre las que destaca su conclusión —a la vista de la vieja legislación franquista de convenios colectivos— de que «habrá que pensar ... en establecer normas adecuadas para resolver las relaciones de concurrencia entre convenios, normas que deberán tener un carácter supletorio de las establecidas por las propias partes colectivas»[8]. También entre las publicaciones sobre el tema a calificar de clásicas, resultaría injusto olvidar el primer comentario sistemático del Estatuto de los Trabajadores, publicado en 1980 por el maestro ALONSO OLEA[9], en el que —ahora respecto del artículo 84 del Estatuto— afirmaba con toda su autoridad, en lo más esencial, lo siguiente: 1) ante todo, que «resuelve este precepto drásticamente un tema confuso y batallón, de forma similar a como ya lo

---

7. Véase Antonio MARTÍN VALVERDE, «Concurrencia y articulación de normas laborales», *Revista de Política Social*, número 119 (1978), págs. 5 y ss.

8. *Ibidem*, pág. 29.

9. Véase Manuel ALONSO OLEA, *El Estatuto de los Trabajadores. Texto y comentario breve*, Civitas (Madrid, 1980), 336 págs.

había hecho el artículo 6 de la Ley 38/1973 [de convenios colectivos franquistas], según la nueva redacción que al mismo dio el artículo 27 DLRT [esto es, el Real Decreto-ley 17/1977, sobre relaciones de trabajo]»[10]; 2) que «el pacto en contrario que se autoriza ha de constar precisamente en un "acuerdo interprofesional" de los previstos en el artículo 83.2, con toda seguridad como regla para la "estructura de la negociación colectiva" que aquellos pueden contener»[11]; y 3) que «es evidente, por lo demás, que el acuerdo profesional tiene que ser anterior a la vigencia del convenio colectivo afectado, esto es, que este último se haya celebrado bajo el presupuesto de que es posible la "concurrencia afectante", llamémosla así, de otro posterior para distinto ámbito»[12]. Concluía con una cita selecta pero interesante de autores laboralistas, relativa a sólo tres aportaciones doctrinales previas a su comentario y que habría que tener en cuenta, una de las cuales era precisamente el más arriba citado artículo pionero de MARTÍN VALVERDE (las otras dos tenían un interés doctrinal mucho más relativo, al tratarse de aportaciones más marcadamente y claramente pre-constitucionales por razón de su fecha, al haberse publicado en 1971 y 1976)[13].

3. Tras estas aportaciones doctrinales pioneras, el siguiente mojón doctrinal claro a mencionar lo marcó la tesis doctoral de MERCADER UGUINA, publicada en 1994[14], en la que se dedican más de doscientas apretadas páginas al análisis del tema de las «Relaciones de conflicto entre convenios colectivos»[15], estructurando su trabajo en este concreto asunto en tres grandes apartados, respectivamente relativos a «Consideraciones sobre la

---

10.   *Ibidem*, pág. 261.
11.   *Ibidem*.
12.   *Ibidem*.
13.   *Ibidem*, págs. 261-262.
14.   Véase Jesús R. MERCADER UGUINA, *Estructura de la negociación colectiva y relaciones entre convenios*, Civitas (Madrid, 1994), 515 págs.
15.   Se trata de la Parte Segunda de su obra, refiriéndose la Parte Tercera a «Relaciones de coordinación entre distintos niveles negociales».

noción de conflicto convencional»[16], a «Relaciones de colisión entre convenios colectivos»[17], y a «Relaciones de concurso entre convenios colectivo»[18], en los que exprimía todo el jugo que entonces cabría extraerle, con apoyo en un extraordinario aparato doctrinal y jurisprudencial, al artículo 84 del Estatuto de los Trabajadores. Sobre la excelencia de esta obra doctrinal, baste remitirse a las palabras del ilustre prologuista de la misma, el maestro DE LA VILLA GIL, según el cual «esta tesis doctoral, presentada ahora como densísimo libro colmador de vacíos, constituye una de las grandes investigaciones del laboralismo español de todos los tiempos, en la que se combina maravillosamente el sabor de la tradición —patrimonio de los maestros de nuestros maestros, de éstos y de nosotros, que salva el neófito de escalar la montaña sin cordada— con el talento personal del autor, que orilla el riesgo de recalentar otra vez más el mismo guiso»[19]. Al calor de reformas legislativas sucesivas operadas en el tenor del artículo 84 del Estatuto de los Trabajadores, la producción doctrinal sobre el tema —siempre de extraordinaria calidad— siguió creciendo y creciendo de modo constante, marcando nuevos mojones una monografía de LÓPEZ ANIORTE de 1999 (en la que se ponía de relieve que «no es momento de profundizar en las disquisiciones doctrinales y jurisprudenciales surgidas en torno a la naturaleza y eficacia de los convenios colectivos extraestatutarios»[20], asunto del máximo interés doctrinal para mí, como como oportunamente comprobaremos en su momento) y un recentísimo artículo doctrinal de CARRIL VÁZQUEZ publicado en 2024 (de extraordinario interés doctrinal, por causa del novedoso estudio

---

16. *Ibidem*, págs. 131 y ss.
17. *Ibidem*, págs. 139 y ss.
18. *Ibidem*, págs. 241 y ss.
19. Véase Luis Enrique DE LA VILLA GIL, «Prólogo» a Jesús R. MERCADER UGUINA, *Estructura de la negociación colectiva y relaciones entre convenios*, cit., págs. VI-VII.
20. Véase María del Carmen LÓPEZ ANIORTE, *La concurrencia de convenios colectivos*, Tirant lo Blanch (Valencia, 1999), pág. 50.

que realiza de nuestra práctica convencional)[21], cabiendo la mención entre estos dos miliares, entre otras muchas publicaciones doctrinales, las recogidas en el volumen del XIII Congreso Nacional de la Asociación Española de Derecho del Trabajo y de la Seguridad Social, celebrado en 2002, cuya Ponencia II se titulaba «La articulación de la negociación colectiva»[22], ligándose a ella multitud de comunicaciones (entre las que destaco otra de LÓPEZ ANIORTE realizada en coautoría)[23], advirtiendo ahora que sobre una parte de este cúmulo de aportaciones doctrinales tendré que volver a pronunciarme expresamente más adelante[24].

4. En fin, certificando la falta de hueco doctrinal para abordar monográficamente con originalidad el tema de la concurrencia de los convenios colectivos españoles, aduciré ahora que se trata igualmente de un tema ordinario de los programas docentes de la asignatura Derecho del Trabajo, que proceden a abordar desde siempre —en cuanto tal— los diversos manuales de nuestra disciplina, bien generalistas, bien relativos a la parcela específica del Derecho colectivo del Trabajo. Entre los ge-

---

21. Véase Xosé Manuel CARRIL VÁZQUEZ, «La preferencia aplicativa de los acuerdos y convenios suscritos en el ámbito autonómico gallego, sobre los de ámbito estatal, cuando su regulación resulte más favorable», *Revista General de Derecho del Trabajo y de la Seguridad Social*, número 68 (2024), *passim*.

22. Véase Miguel RODRÍGUEZ-PIÑERO ROYO, «La articulación de la negociación colectiva», en el volumen *La eficacia de los convenios colectivos. XIII Congreso Nacional de Derecho del Trabajo y de la Seguridad Social*, Servicio de Publicaciones del Ministerio de Trabajo y Asuntos Sociales (Madrid, 2003), págs. 505 y ss.

23. Véase María del Carmen LÓPEZ ANIORTE y Alejandra SELMA PENALVA, «La prohibición legal de afectación *ex* art. 84 ET y sus excepciones», en el volumen *La eficacia de los convenios colectivos. XIII Congreso Nacional de Derecho del Trabajo y de la Seguridad Social*, cit., págs. 713 y ss.

24. Véase igualmente, dentro del arco temporal citado, Jesús CRUZ VILLALÓN, «Estructura y concurrencia entre convenios colectivos», *Revista del Ministerio de Trabajo y Asuntos Sociales*, número 68 (2007), págs. 77 y ss.; y Joaquín GARCÍA MURCIA, «Criterios de articulación y concurrencia de convenios colectivos en la legislación española», *Revista de Estudios Jurídicos Laborales y de Seguridad Social*, número 9 (2024), págs. 13 y ss.

neralistas, resulta inesquivable la cita, de un lado, del clásico de
ALONSO OLEA y CASAS BAAMONDE[25], donde —con cita de jurisprudencia abrumadora y de los mojones doctrinales más clási-
cos a que acabo de referirme, así como refiriéndose al problema
medular de la concurrencia entre convenios colectivos estatutarios— se afirmaba, entre otras muchas cosas, que «para que se
desencadene la prohibición legal de concurrencia ..., cuyos
efectos no son otros que la inaplicación o aplazamiento de la
entrada en vigor del convenio "invasor" *posterior* durante la *vigencia* del convenio anterior invadido (aplicación según el principio *prior in tempore*)»[26]; y de otro lado (y por razones obvias,
en mi caso), de la cuarta edición del manual de Derecho del
Trabajo de mis dos co-directores[27], centrado —supuesta siempre la concurrencia de convenios colectivos estatutarios— en el
análisis de los «descuelgues» totales o parciales[28]. Por su parte,
entre los especializados, creo que resulta de justicia mencionar,
de un lado, la novena edición del Derecho sindical de MONEREO
PÉREZ, MOLINA NAVARRETE y MORENO VIDA[29], reconociendo —con
encomiable énfasis pedagógico— que «en la ordenación de los
convenios colectivos no existe el principio de jerarquía, natural-
mente, puesto que impera el principio de autonomía de la voluntad de los que los acuerdan, incluido su ámbito»[30], lo que «da
lugar a una cierta complejidad a la hora de averiguar cuál resulta aplicable en cada caso, dado que la pluralidad de convenios
es muy considerable»[31], concluyendo que «se denomina a este
fenómeno "Concurrencia de convenios", que da lugar a conside-

---

25.   Véase Manuel ALONSO OLEA y María Emilia CASAS BAAMONDE, *Derecho del Trabajo*, 26ª ed., Civitas-Thomson Reuters (Madrid, 2009), 1429 págs.
26.   *Ibidem*, pág. 1128.
27.   Véase Jesús MARTÍNEZ GIRÓN y Alberto ARUFE VARELA, *Derecho crítico del Trabajo. Critical Labor Law*, 4ª ed., Atelier (Barcelona, 2016), 281 págs.
28.   *Ibidem*, págs.
29.   Véase José Luis MONEREO PÉREZ, Cristóbal MOLINA NAVARRETE y
Nieves MORENO VIDA, *Derecho Sindical*, 9ª ed., Comares (Granada, 2014), 360
págs.
30.   *Ibidem*, pág. 190.
31.   *Ibidem*.

rables problemas prácticos»[32]; y de otro lado, el Derecho Sindical de GÁRATE CASTRO de 2024[33], indicando que «la concurrencia de que se trata hace referencia a la coincidencia en el tiempo de dos o más convenios colectivos (estatutarios) válidos correspondientes a unidades de negociación cuyos ámbitos funcional, territorial y personal se interfieren en mayor o menor medida (si fuesen iguales, no habría concurrencia, sino una situación de derogación del convenio colectivo anterior por otro posterior, de acuerdo con los arts. 82.4 y 86.4 del ET) y cuyas regulaciones, aunque se afectan recíprocamente, en todo o en parte, no lo hacen, necesariamente, de modo irreconciliable»[34].

B) SOBRE LA APARENTE INEXISTENCIA DE HUECO DOCTRINAL PARA REALIZAR UN ESTUDIO ORIGINAL SOBRE LA CONCURRENCIA DE LOS CONVENIOS COLECTIVOS PORTUGUESES

5. Al igual que sucede en España, la existencia en Portugal de preceptos legales muy explícitos sobre la concurrencia de convenios colectivos (contenidos, como se verá, en el vigente Código portugués de Trabajo de 2009) determina que haya toda una multitud de exégesis doctrinales relativas a los mismos —que parecen dejar muy poco hueco doctrinal a la realización de aportaciones originales sobre los preceptos en cuestión—, empezando por los «comentarios» doctrinales al Código, realizados en Portugal de modo muy similar a cómo los alemanes realizan en Alemania —respecto de sus Códigos y sus leyes— los suyos[35]. De entre ellos, el más linajudo es el realizado por el catedrático lisboeta ROMANO MARTÍNEZ, del que he mane-

---

32. *Ibidem.*

33. Véase Javier GÁRATE CASTRO, *Derecho Sindical. Volumen II. Negociación colectiva laboral*, Bomarzo (Albacete, 2024), 357 págs.

34. *Ibidem*, págs. 125-126.

35. Al respecto, véase Jesús MARTÍNEZ GIRÓN, «El género doctrinal "comentarios" en el Derecho alemán. A propósito del "Comentario Erfurtense" so-

jado la 13ª edición publicada en 2020[36], donde cabe encontrar una aparentemente exhaustiva anotación de la sección segunda del Capítulo I del Subtítulo II del Título III del Libro I del vigente Código portugués del Trabajo (muy útil, por efectuar remisiones a otros preceptos del propio Código, que posibilitan la realización de interpretaciones sistemáticas), presidiéndolas su afirmación de que «para haber concurrencia de instrumentos de reglamentación colectiva de trabajo es necesario que dos o más instrumentos regulen la misma situación jurídico-laboral, lo que ocurre cuando hay superposición cumulativa relativa al ámbito personal, temporal, espacial y material»[37], teniendo en cuenta que «esta situación es distinta de la que ocurre cuando existe paralelismo de instrumentos, i.e., cuando hay dos o más instrumentos que se aplican en la misma empresa (por ejemplo, una empresa celebró dos acuerdos de empresa con sindicatos diferentes)»[38]. Asimismo linajudo es el comentario de QUINTAS Y QUINTAS, del que manejo la 8ª edición de 2024[39], presentando la ventaja adicional de que ya incorpora a los preceptos reguladores en el Código del Trabajo del tema la nueva Ley 13/2023, de 3 abril, de modificación del Código del Trabajo y legislación conexa, en el ámbito de la agenda del trabajo digno (última gran modificación de dicho Código, en el momento en que escribo mi trabajo doctoral), aparte el hecho de incorporar sistemáticamente a las anotaciones que realiza la jurisprudencia laboral nacional y la del Tribunal de Justicia de la Unión Europea, haciendo así buena la confesión de sus autores relativa a que pretender mantener la línea de imprimir a

---

bre Derecho alemán del Trabajo», *Revista Española de Derecho del Trabajo*, número 141 (2009), págs. 5 y ss.

36.   Véase Pedro ROMANO MARTÍNEZ, Luís Miguel MONTEIRO, Joana VASCONCELOS, Pedro MADEIRA DE BRITO, Guilherme MACHADO DRAY y Luís GONÇALVES DA SILVA, *Código do Trabalho. Anotado*, 13ª ed., Almedina (Coimbra, 2020), 1205 págs.

37.   *Ibidem*, págs. 1044.

38.   *Ibidem*.

39.   Véase Paula QUINTAS y Hélder QUINTAS, *Código do Trabalho. Anotado he comentado*, 8ª ed., Almedina (Coimbra, 2024). 1506 págs.

la obra un prominente «cariz casuístico». Ambas obras contienen referencias continuas a la legislación laboral portuguesa precedente al Código del Trabajo de 2009 (y en especial, la contenida en el precedente Código del Trabajo de 2003). Este hecho, salvo en asuntos puntuales, me permitirá evitar tener que realizar excursos de carácter histórico.

6. La manualística portuguesa sobre Derecho del Trabajo tiene una tradición extraordinaria, que ha sido jaleada por los dos co-directores de mi trabajo doctoral[40]. Como es lógico, aborda el tema de la concurrencia de convenios colectivos con su debida complitud, distinguiendo —como apuntaban los «comentarios» al vigente Código del Trabajo— entre concurrencia en sentido escrito, legalmente regulada al detalle, y concurrencia en sentido amplio (que es la que a mí más doctrinalmente me interesa, por causa de su violento y chocante contraste con la situación que tenemos en España, al resultar imposible aquí la vigencia simultánea en la empresa de convenios colectivos diferentes estipulados por sindicatos asimismo diferentes). Entre esos manuales, he manejado la 4ª edición de 2020 del catedrático LOBO XAVIER[41], la 11ª edición de 2023 del asimismo catedrático lisboeta ROMANO MARTINEZ[42], la 22ª edición de 2023

---

40. Véase Jesús MARTÍNEZ GIRÓN y Alberto ARUFE VARELA, «El impacto de la obra científica del profesor António Monteiro Fernandes en la literatura jurídico laboral española», en Bernardo da Gama LOBO XAVIER, María do Rosário PALMA RAMALHO, José João ABRANTES, João LEAL AMADO y Sérgio TENREIRO TOMÁS (Coordinadores), *Estudos de Direito do Trabalho em homengem ao Professor António Monteiro Fernandes*, Nova Causa Edições Jurídicas (Lisboa, 2017), Parte 1, págs. 585 y ss.

41. Véase Bernardo da GAMA LOBO XAVIER (con la colaboración de Pedro FURTADO MARTINS, António NUNES DE CARVALHO y Joana VASCONCELOS), *Manual de Direito do Trabalho*, 4ª ed., Rei Livros (Lisboa, 2020), especialmente págs. 223 y ss.

42. Véase Pedro ROMANO MARTINEZ, *Direito do Trabalho*, 11ª ed., IDT-Almedina (Coimbra, 2023), especialmente págs. 222 y ss.

del catedrático conimbricense Leal Amado y otros[43], así como la 22ª edición de 2023, todo un clásico, de Monteiro Fernandes[44]. Mención propia, por tratarse de una obra insólita en el contexto de la literatura jurídico laboral europea, merece el gigantesco *Tratado* de Palma Ramalho, del que a mí me ha interesado especialmente manejar la 4ª edición de 2023 de su Parte III[45], aunque sólo sea para poner de relieve la falta de hueco doctrinal en Portugal para analizar la concurrencia de convenios colectivos (eso sí, si se utiliza la metodología jurídica al uso, distinta de la jurídica comparatista que yo me propongo emplear), bastando indicar para probarlo que estudia —además de la concurrencia de convenios colectivos en sentido estricto[46]— asuntos que tienen que ver con la concurrencia de convenios colectivos en sentido amplio, como la aplicación del convenio colectivo a trabajadores y empresarios no afiliados a los sujetos colectivos pactantes[47], así como la aplicación del convenio colectivo a los trabajadores no sindicalizados por elección de los mismos del concreto convenio colectivo que deberá aplicarles el empresario[48].

7. En fin, el círculo creo que lo cierra la referencia a las monografías portuguesas sobre negociación colectiva, en las que también se aborda el tema de la concurrencia de convenios colectivos, bien en sentido amplio, bien en sentido estricto, como el caso de la de Barros Moura sobre el convenio

---

43.   Véase João LEAL AMADO, Milena SILVA ROUXINOL, Catarina NUNES VICENTE, Catarina GOMES SANTOS y Teresa COELHO MOREIRA, *Direito do Trabalho. Relação individual*, 2ª ed., Almedina (Coimbra, 2023), especialmente págs. 59 y ss.

44.   Véase António MONTEIRO FERNANDES, *Direito do Trabalho*, 22ª ed., Almedina (Coimbra, 2023), especialmente págs. 901 y ss.

45.   Véase María do Rosário PALMA RAMALHO, *Tratado de Direito do Trabalho. Parte III. Situações laboráis colectivas*, 4ª ed., Almedina (Coimbra, 2023), 639 págs.

46.   *Ibidem*, págs. 357 y ss.

47.   *Ibidem*, págs. 331 y ss.

48.   *Ibidem*, págs. 339 y ss.

colectivo en cuanto que fuente del Derecho del Trabajo[49], o la de MENEZES CORDEIRO sobre la alteración de la base del negocio en los convenios colectivos[50], o la de GONÇALVES DE SILVA sobre la eficacia normativa de los convenios colectivos[51], aunque creo que merecen ser especialmente reseñadas dos. En primer lugar, un volumen monográfico sobre viejos y nuevos desafíos de la negociación colectiva en España y Portugal, en el que se reúnen las contribuciones españolas y portuguesas a un encuentro ibérico sobre Derecho del Trabajo celebrado en 2017[52], que no encaja en lo que debe considerarse como utilización de la metodología jurídica comparatista (es, más bien, una yuxtaposición de estudios sobre Derecho español y portugués de la negociación colectiva), aunque haya en él trabajos portugueses que pueden permitir contextualizar la problemática de la concurrencia en Portugal de los convenios colectivos[53]. En segundo lugar, la monografía de la catedrática PALMA RAMALHO sobre la negociación colectiva atípica[54], que es un verdadero *unicum* en Portugal, y que me ha permitido realizar comparaciones eficaces con nuestra negociación colectiva extraestatutaria, especialmente al hilo de lo que denomina «problemas dogmáticos» suscitados por dicho tipo de negociación colectiva laboral[55], como los relativos a su admisibilidad[56], a

---

49. Véase José BARROS MOURA, *A convenção colectiva entre as fontes de Direito do Trabalho*, Almedina (Coimbra, 1984), especialmente págs. 213 y ss.

50. Véase António MENEZES CORDEIRO, *Convenções colectivas de trabalho e alterações de circunstancias*, Lex (Lisboa, 1995), especialmente págs. 103 y ss.

51. Véase Luís GONÇALVES DA SILVA, *Notas sobre a eficacia normativa das convenções colectivas*, Almedina (Coimbra, 2002), especialmente págs. 46 y ss.

52. Véase Associação Portuguesa de Direito do Trabalho, *Contratação colectiva: Velhos e novos desafíos em Portugal e Espanha*, AAFDL (Lisboa, 2017), 425 págs.

53. Por ejemplo, Isabel VIEIRA BORGES, «Niveis de negociação colectiva e eficacia erga omnes da convenção colectiva de trabalho: abordagem tradicional e novas tendências. Notas», *ibidem*, págs. 167 y ss.

54. Véase María do Rosário PALMA RAMALHO, *Negociação colectiva atípica*, Almedina (Coimbra, 2009), 151 págs.

55. *Ibidem*, págs. 73 y ss.

56. *Ibidem*.

los interlocutores sociales de este tipo de acuerdos colectivos[57], a su eficacia[58] y naturaleza jurídica[59], y sobre todo, al de su posición entre las fuentes reguladoras del Derecho portugués del Trabajo[60], brillando aquí un subepígrafe titulado «El acuerdo colectivo atípico y los instrumentos de reglamentación colectiva de trabajo tradicionales»[61], en el que se plantea la pregunta —directamente impactante sobre el tema que me propongo abordar— «¿Problemas de jerarquía o problemas de concurrencia?»[62].

C) SOBRE LA INEXISTENCIA DE DOCTRINA CIENTÍFICA RELATIVA A LA UTILIZACIÓN DE LA METODOLOGÍA COMPARATISTA PARA EL ANÁLISIS DE LA CONCURRENCIA DE LOS CONVENIOS COLECTIVOS PORTUGUESES Y ESPAÑOLES, CON UNA APARENTEMENTE ÚNICA EXCEPCIÓN

8. Sobre el tema que me propongo abordar en mi trabajo doctoral, sólo existe aparentemente una pequeña aportación científica (precisamente, en la doctrina científica laboralista española, sin que haya visto nada similar en la doctrina científica laboralista portuguesa), cuya existencia no puedo silenciar, aunque —según los dos co-directores de mi trabajo— también debía relativizarla, hasta el punto incluso de poder concluir que no afecta en absoluto a la originalidad de mi tema de tesis doctoral. Se trata de una breve comunicación aportada por su autor (el profesor KAHALE CARRILLO, por aquel entonces acreditado como profesor titular de Universidad) al XXV Congreso

---

57. *Ibidem*, págs. 86 y ss.
58. *Ibidem*, págs. 97 y ss.
59. *Ibidem*, págs. 118 y ss.
60. *Ibidem*, págs. 106 y ss.
61. *Ibidem*, págs. 113 y ss.
62. *Ibidem*, págs. 115 y ss.

Nacional de la Asociación Española de Derecho del Trabajo y de la Seguridad Social, celebrado en 2015[63]. Según consta en el volumen donde se publicó, desarrolla el tema de la concurrencia de convenios colectivos en España y Portugal a lo largo de once páginas, aunque se trate, en realidad, de solamente siete páginas, pues cuatro de ellas contienen unos cuadros históricos agrupados bajo lo que el autor genéricamente denomina «Reformas del artículo 84 del ET»[64]. A su modo, no deja de resultar un escrito dotado de alguna originalidad aunque atípica, puesto que —pretendiendo elevarse sobre el Derecho positivo— ancla el desarrollo de cuanto expone a dos definiciones ofrecidas por el *Diccionario* de la lengua española, a las que en principio nada podría objetar el público no especializado, aun cuando ese hecho resulte inusual en escritos científicos sobre Derecho colectivo del Trabajo (literalmente, de un lado, «la Real Academia Española define, por una parte, concurrencia como la coincidencia, concurso simultáneo de varias circunstancias»[65]; y de otro lado, «por otra, convenio colectivo como el acuerdo vinculante entre los representantes de los trabajadores y los empresarios de un sector o empresa determinados, que regula las condiciones laborales»[66]), para así poder extraer la conclusión —pero al modo de un punto de partida— de que «al unir el significado de los dos términos se entiende por concurrencia de convenios colectivos como la coincidencia simultánea de dos convenios colectivos»[67].

---

63. Véase Djamil Toni KAHALE CARRILLO, «La concurrencia de convenios colectivos: España y Portugal», en el volumen *Perspectivas de la negociación colectiva en el marco comparado europeo. XXV Congreso Nacional de Derecho del Trabajo y de la Seguridad Social. León, mayo de 2015. Asociación Española de Derecho del Trabajo y de la Seguridad Social*, Cinca (Madrid, 2015), págs. 1 y ss.

64. Cfr. págs. 6 a 9.

65. Cfr. pág. 2.

66. *Ibidem*.

67. *Ibidem*.

9. Según confiesa el autor, la metodología de que pretendió servirse era la jurídica comparatista (literalmente, «el estudio tiene por objeto analizar y comparar la regulación de la concurrencia de convenios colectivos entre España y Portugal»)[68], aunque luego concreta que «la metodología de investigación que se ha llevado a cabo para materializar este estudio se ha basado, fundamentalmente, en una revisión bibliográfica y en el análisis de artículos de revista jurídicas especializadas, libros e internet»[69], sin concretar a qué concreto material bibliográfico se refiere, dado que —si bien es cierto que el trabajo contiene aparato crítico colocado al pie, y materializado en 6 breves notas a pie de página— no se cita en él ningún concreto artículo de revista, monografía o comentario doctrinal de leyes, ni españoles ni portugueses. En realidad, no efectúa ningún análisis de Derecho comparado del Trabajo, al tratarse de una mera yuxtaposición de descripciones y afirmaciones, respectivamente relativas al artículo 84 del Estatuto de los Trabajadores (que no tiene en cuenta, por razón de su fecha de publicación, las enmiendas operadas en dicho precepto en el año 2024), así como a los artículos 481 a 484 del Código portugués del Trabajo de 2009, los cuales meramente se limita a traducir al castellano (sin que exista, en esta concreta parte de su trabajo, ningún aparato crítico colocado al pie). Sobre el tratamiento del tema en Portugal que efectúa, me permito realizar al menos las tres siguientes observaciones: 1) hay traducciones discutibles en este trabajo doctrinal, de las que yo me separo (por ejemplo, «convenios colectivos negociables y no negociables [*sic*]»)[70] —sobre la base de que los preceptos que analiza este autor se refieren genéricamente a «instrumentos de regulación colectiva de trabajo», los cuales pueden ser, a su vez, «negociales» y «no negociales», como comprobaremos en su momento—, aunque haya también términos jurídicos cuya traducción se omite

---

68. *Ibidem.*
69. *Ibidem.*
70. Cfr. pág. 10.

(como en el caso claro, por ejemplo, de lo que denomina «portaría [*sic*] de extensión»); 2) los artículos 481 a 484 no son los únicos preceptos relativos al tema de la concurrencia de convenios colectivos, tal y como dicho tema aparece regulado en el Código portugués del Trabajo de 2009 (extremo que asimismo comprobaremos luego, en su momento correspondiente); y 3) se limita a extraer la conclusión de que «a pesar que son dos países europeos, España y Portugal tienen un sistema diferente, pero llegan al mismo fin»[71], sin citar —a pesar de que exista (como también comprobaremos en su momento)— ningún tipo de jurisprudencia portuguesa fallada sobre el tema (el trabajo «concluye», en cambio, con cita de la doctrina de una Sentencia de la Sala de lo Social de la Audiencia Nacional española de 2014).

10. En realidad, al tratarse de una mera yuxtaposición (y además, sólo parcial) de ordenamientos «legales» —en vez de un auténtico análisis comparatista de los mismos—, mi análisis crítico del trabajo en cuestión creo que debe detenerse en las afirmaciones que acabo de realizar. En mi trabajo doctoral, en cambio, no podré preterir dos afirmaciones jurídicas, a considerar inobjetables y referidas, de un lado, al hecho de que el artículo 84 de nuestro Estatuto de los Trabajadores regula el tema de la concurrencia de convenios, sí, pero presuponiendo que los convenios colectivos a que se refiere son convenios colectivos de eficacia normativa general; y de otro lado, a que los artículos 481 a 484 del Código portugués del Trabajo, si es que abordan la concurrencia de convenios colectivos, presuponen que estos últimos son convenios colectivos concurrentes de eficacia normativa limitada (basada además, como comprobaremos en su momento, en el principio de la doble afiliación). De ahí, en puridad, que no quepa realizar ningún análisis comparativo de ambos bloques normativos, supuesto que pretenda aplicarse en dicho análisis la verdadera y auténtica metodolo-

---

71.   Cfr. pág. 11.

gía jurídica comparatista, dado que los materiales jurídicos a comparar tienen que ser necesariamente materiales jurídicos homogéneos, y no —como ocurre en el caso del trabajo doctrinal a que vengo aludiendo— preceptos reguladores de realidades heterogéneas. La jurisprudencia alemana sostendría que no cabe comparar «manzanas y peras [*Äpfel und Birnen*]»[72], al igual que los comparatistas españoles sostienen que tampoco cabe traer a una eventual colación comparatista «peras y melones», mientras que en Portugal el dicho jurídico correspondiente se referiría, por su parte, a *«não misturar alhos com bugalhos»*. La búsqueda de términos de comparación de naturaleza homogénea —sin cuya existencia no cabe aplicar, repito, la metodología jurídica comparatista— es el hecho que me llevará a prescindir en mi trabajo doctoral, en cuanto que términos de comparación utilizables, de los convenios colectivos españoles «estatutarios» (dotados, como se sabe, de eficacia normativa general o *erga omnes*). Esto explica, como razonaré dentro de un momento, que me haya visto obligado a comparar —por seguir utilizando las metáforas eficaces a que acabo de hacer referencia— *«alhos»* portugueses y «ajos» españoles (o, si es que se prefiere, «agallas» españolas y *«bugalhos»* portugueses).

D) SOBRE LA METODOLOGÍA JURÍDICA COMPARATISTA A UTILIZAR

11. Como se ha puesto de relieve doctrinalmente, la metodología jurídica comparatista tiene un carácter poliédrico, pudiendo referirse a comparaciones bilaterales, plurilaterales e, incluso, a comparaciones universales entre ordenamientos jurí-

---

72. Al respecto, véase Ulrich ZACHERT, Jesús MARTÍNEZ GIRÓN y Alberto ARUFE VARELA, *Los grandes casos judiciales sobre Derecho alemán del Trabajo. Estudio comparado con el Derecho español y traducción castellana*, Netbiblo (A Coruña, 2008), págs. 102-103.

dicos distintos[73], existiendo en mi concreto caso, además, condicionamientos personales que matizan mis posibilidades de opción (desde un punto de vista profesional, me dedico a la gestión jurídica de recursos humanos en un banco con profundas raíces ibéricas, al extender sus actividades primordialmente, aunque no exclusivamente, a España y Portugal). Con este condicionamiento mío personal tan apremiante, y teniendo a la vista los precedentes de tesis doctorales comparatistas ya dirigidas por los dos co-directores de mi trabajo —que me vi obligado a tener que leer detenidamente—, mi opción por el empleo de una metodología jurídica comparatista «diédrica» fue clara. En ese conjunto de tesis doctorales coruñesas precedentes, las había que efectuaban comparaciones jurídicas a tres bandas, como la de TEIXEIRA ALVES (comparando los ordenamientos laborales sustantivos de España, Portugal e Italia)[74], y las de SILVEIRO DE BARROS y ALMEIDA CARNEIRO (comparando los ordenamientos laborales procesales de España, Portugal y los Estados Unidos)[75], en relación con las cuales podía resultar atractiva la utilización del término de comparación norteamericano, al extenderse las actividades del banco en que trabajo también a los Estados Unidos. Me disuadió, sin embargo, el hecho de que una cuarta tesis doctoral comparatista coruñesa, la de NAVEIRA COUCEIRO, ya hubiese abordado la problemática comparatista de la negociación colectiva en España y los Esta-

---

73. Véase Jesús MARTÍNEZ GIRÓN y Alberto ARUFE VARELA, *Fundamentos de Derecho comparado del Trabajo y de la Seguridad Social*, 3ª ed., Atelier (Barcelona, 2023), págs. 19 y ss.

74. Véase Luísa TEIXEIRA ALVES, *El cumplimiento de la Carta Social Europea en materia de salarios. Un estudio comparado de los ordenamientos laborales portugués, español e italiano*, Atelier (Barcelona, 2014), 168 págs.

75. Véase Mário SILVEIRO DE BARROS, *Los honorarios de abogados en procesos de Seguridad Social. Un estudio comparado de los ordenamientos norteamericano, español y portugués*, Atelier (Barcelona, 2017), 194 págs.; y también, aunque sólo parcialmente publicada, Luis FERREIRA DE ALMEIDA CARNEIRO, «Notas sobre los apremios pecuniarios en el Derecho procesal portugués del Trabajo», *Anuario Coruñés de Derecho Comparado del Trabajo*, volumen XI (2019), págs. 41 y ss.

dos Unidos en la banca, con unos resultados que me parecieron impactantes no sólo desde el punto de vista teórico, sino también desde el punto de vista de su posible utilización práctica en la gestión de recursos humanos en todos los bancos[76]. Consideré que este último debía ser mi modelo metodológico comparatista, a pesar de tratarse de una tesis dirigida en A Coruña por un colega de mis dos co-directores (en consecuencia, quedando así aclarada mi opción por la metodología jurídica comparatista «diédrica»), aunque con una novedad (o si quiere, una variante) que yo acabé introduciendo en mi trabajo doctoral, referida a que las dos caras de la figura en cuestión no estarían referidas a los ordenamientos de negociación colectiva de los Estados Unidos y España, sino —por interesarme y afectarme más primariamente— a los ordenamientos de negociación colectiva de España y Portugal.

12. Esto despejado, un segundo aspecto de la metodología jurídica comparatista a tener en cuenta afronta el ámbito objetivo o de fondo de las comparaciones a realizar. Como también se ha puesto de relieve doctrinalmente entre nosotros, las opciones metodológicas oscilaban ahora entre dos extremos, representados por las «macrocomparaciones» y las microcomparaciones» jurídico-laborales[77]. En relación con ello, el resultado de la recién citada tesis doctoral de COUCEIRO NAVEIRA me parecía espectacular, pareciéndome claro que lo que dicho autor había realizado eran comparaciones jurídicas «diédricas» de carácter «macro», al referirse a los ordenamientos de negociación colectiva norteamericano y español abordados en su conjunto (determinación de los sujetos colectivos negociadores, eventuales incidencias del ejercicio del derecho de huelga sobre el

---

76.   Véase Benito COUCEIRO NAVEIRA, *Las relaciones laborales de los trabajadores del sector bancario en los Estados Unidos. Un estudio comparado con el Derecho español*, Lefebvre-El Derecho, SA (Madrid, 2021), 163 págs.

77.   Véase Jesús MARTÍNEZ GIRÓN y Alberto ARUFE VARELA, *Fundamentos de Derecho comparado del Trabajo y de la Seguridad Social*, 3ª ed., cit., pág. 23.

tema, procedimientos de negociación y de administración de los convenios colectivos, etc.)[78]. Me convenció, sin embargo, la opción de los dos co-directores de mi trabajo por la realización de comparaciones «micro», consideradas por ellos como comparaciones dotadas de altísimo efecto multiplicador (supuesta, eso sí, la elección de temas a comparar verdaderamente transversales), a pesar de abarcar en su conjunto las problemáticas del Derecho comparado del Trabajo y del Derecho comparado de la Seguridad Social[79]. Jugaban de nuevo, a mis concretos efectos, mis propios condicionamientos personales apremiantes, a que antes hice referencia. Yo partía del Derecho español de la negociación colectiva, que era —como es lógico— el entramado jurídico laboral colectivo que mejor conocía, aunque —al intentar aplicarlo en Portugal— me encontré con una sorpresa mayúscula. Allí la regla general, no sólo en el sector bancario, es la de que el empresario puede encontrarse con una pluralidad de convenios colectivos que tener que aplicar simultáneamente en la empresa, lo que en España —en principio— no resultaba posible, al regir en todos los sectores productivos y en todas las empresas, siempre a título de regla, la prohibición de concurrencia de convenios colectivos del artículo 84 del Estatuto de los Trabajadores, lo que me incitó a leer doctrina científica laboralista portuguesa, habiendo comprobado que la misma admitía con naturalidad —lo estudiaré luego, con superior precisión— que el gestor empresarial de relaciones jurídico-laborales colectivas tenga que verse obligado a ad-

---

78. Véase Benito COUCEIRO NAVEIRA, *Las relaciones laborales de los trabajadores del sector bancario en los Estados Unidos. Un estudio comparado con el Derecho español*, cit., págs. 33 y ss.

79. Véase Jesús MARTÍNEZ GIRÓN y Alberto ARUFE VARELA, *Fundamentos de Derecho comparado del Trabajo y de la Seguridad Social*, 3ª ed., cit., pág. 23. poniendo de relieve que «este tratamiento microscópico, con impredecibles pero esperables resultados verticales, se conoce popularmente con el nombre de "método del caso" (eso sí, del caso jurídico)», el cual «fue creado por el catedrático y Decano de la Facultad de Derecho de Harvard, Christopher Columbus LANGDELL, conociéndose por ello mismo con el nombre de "método langdelliano"».

ministrar hasta incluso cuatro convenios colectivos distintos y simultáneamente vigentes en su empresa. De ahí mi segunda opción clara, referida a que iba a realizar una comparación «diédrica» o bilateral, sí, pero centrada también en un asunto jurídico-laboral muy concreto (en consecuencia, una «microcomparación»), refiriéndose esta última al tema de la concurrencia de los convenios colectivos.

13. Aparentemente, el Derecho portugués del Trabajo presenta la ventaja de compartir similitudes estructurales con el Derecho español del Trabajo, muchas de ellas ancladas en el dato de nuestra común pertenencia a la Unión Europa (el ingreso de ambos países en las entonces llamadas Comunidades Europeas fue, además, como se sabe, un ingreso simultáneo). Ahora bien, esta ventaja aparente se rebajaba varios grados a la hora de tener que realizar la «microcomparación» de naturaleza «diédrica», a que acabo de hacer referencia. En realidad, la dificultad más evidente que tenía que encarar derivaba de la lengua en que se encuentran redactadas las fuentes jurídicas legales, reglamentarias, jurisprudenciales y doctrinales que debía estudiar, lo que me obligó a tener que seguir un tercer tipo de pautas metodológicas comparatistas, relativas a la traducción jurídica como ciencia auxiliar del Derecho comparado[80]. Esas pautas me obligaban, cuando menos a lo siguiente: 1) a prescindir de traducciones previas de las fuentes de conocimiento a manejar, bien al castellano, bien al inglés[81], asumiendo la premisa de que debía recopilar, sistematizar y, en su caso, criticar textos jurídicos redactados en lengua portuguesa; 2) a arriesgarme a tener que realizar mis propias traducciones al

---

80. Véase Jesús MARTÍNEZ GIRÓN y Alberto ARUFE VARELA, *Fundamentos de Derecho comparado del Trabajo y de la Seguridad Social*, 3ª ed., cit., págs. 26-27.

81. A pesar de haber comprobado que existe una traducción oficiosa al inglés del Código portugués del Trabajo de 2009, desde el portugués al inglés. Al respecto, véase Sara LEITÃO, *Código do Trabalho Português. Portuguese Labour Code*, Instituto de Direito do Trabalho (Lisboa, 2024), 445 págs.

castellano, o lengua «meta», desde la lengua que constituía mi propio «punto de partida» o «texto fuente», aunque con el correctivo metodológico de «acompañar a la traducción … el concreto texto jurídico traducido …, bien en su integridad, bien en porciones selectas y especialmente comprometidas … (pudiendo efectuarse el acompañamiento, a su vez, bien en el texto del trabajo en que se inserta la traducción, bien en nota a pie de página del mismo)»[82], por lo que «de ese modo, se avisa al lector acerca de que "no se descartan eventuales errores cometidos al traducir, animándole incluso a reflexionar críticamente sobre la traducción en cuestión e, incluso, a arriesgarse a realizar la suya propia (y supuestamente, mejorada)"»[83]; y 3) por supuesto, a duplicar el esfuerzo traductor, dado que mi trabajo doctoral aspiraba a conseguir la mención internacional, con la consecuencia de que una parte del mismo debiese redactarse (y luego, defenderse) asimismo en inglés. Pretendía, así, con mi trabajo doctoral, colocarme en las antípodas de lo que DE LA VILLA GIL denomina «libros que contrastan regulaciones del Derecho español con otras —siempre mini-fragmentos— de Finlandia, Serbia o Bulgaria, de Vietnam, Corea o Tibet, por poner ejemplos extremos, sin el menor conocimiento de sus lenguas y de todos los recovecos que todos los ordenamientos guardan; y, lo que es peor, sin el menor sonrojo por el refrito, quizá convencidos de la seriedad de esas aportaciones "comparadas"»[84].

---

82. Véase Jesús MARTÍNEZ GIRÓN y Alberto ARUFE VARELA, *Fundamentos de Derecho comparado del Trabajo y de la Seguridad Social*, 3ª ed., cit., pág. 26.

83. *Ibidem*. Poniendo de relieve que ningún traductor está protegido de la posible comisión de errores, cuando procede a realizar traducciones jurídicas, véase Jesús MARTÍNEZ GIRÓN, «Errores de traducción jurídica, en asuntos laborales y de seguridad social, cometidos por los poderes públicos», *Anuario Coruñés de Derecho Comparado del Trabajo*, volumen XIII (2021), págs. 175 y ss.

84. Véase Luis Enrique DE LA VILLA GIL, «La investigación en serio del Derecho comparado. Acerca de las obras de Jesús Federico Martínez Girón y de Alberto Arufe Varela», *Revista General de Derecho del Trabajo y de la Seguridad Social*, número 68 (2024), págs. 819-820.

E) SOBRE EL TRIÁNGULO JURÍDICO COMPARATIVO A CONSTRUIR

14. Con la finalidad de conseguir que en mi trabajo existiese auténtico *«feedback»* comparatista, me animé a estructurarlo como si fuese un triángulo, con sus tres vértices correspondientes (cada uno de los cuales encarna otras tantas «Partes» del propio trabajo), imaginariamente unidos por líneas, a transitar en uno y otro sentidos (remarcando así el pretendido efecto de «retroalimentación» entre tales metafóricos vértices), aunque evidentemente mi metafórica de una carrera debiese de comenzar en uno de los vértices en cuestión. El primero trata frontalmente del Derecho portugués sobre la concurrencia de convenios colectivos, que he organizado alrededor de cinco núcleos temáticos principales. En primer lugar, el relativo a la imprescindible depuración de la terminología legal portuguesa, si relativa a los diversos productos de la verdadera negociación colectiva allí existentes (genéricamente denominados «instrumentos de reglamentación colectiva del trabajo negociales»), con sus especies o distinciones —en absoluto tan marcadas en el Derecho español de la negociación colectiva— entre *«contrato colectivo»*, *«acordo colectivo»* y *«acordo de empresa»*, aunque el molde común en el que todas se basan sea el de las *«convenções colectivas»*[85]. En segundo lugar, —con un carácter absolutamente nuclear o clave—, el relativo a que los convenios colectivos portugueses concurrentes son convenios de eficacia normativa de carácter limitado, basándose esta peculiar eficacia normativa suya en el principio de la doble afiliación[86], lo que obligará —como es lógico— a centrar su estudio comparativo con los convenios colectivos españoles distintos de los regulados en el Título III del Estatuto de los Trabajadores, al poseer estos últimos eficacia normativa de carácter general. En tercer lugar, el relativo a la presentación de los concretos pre-

---

85. Véase *infra*, Parte Primera, letra A), números **2**, **3** y **4**.
86. *Ibidem*, letra B), números **5**, **6** y **7**.

ceptos del Código portugués del Trabajo de 2009, donde aparece alojada —en principio— la regulación del tema de la concurrencia de los convenios colectivos, que denomino concurrencia de convenios en sentido estricto[87]. En cuarto lugar, y con la finalidad de comenzar a cerrar el primer vértice comparativo, la relativa a la búsqueda de una interpretación convincente al hecho de que haya excluido de mi trabajo doctoral el estudio de lo que la normativa portuguesa denomina «instrumentos de reglamentación colectiva del trabajo no negociales», aunque sea cierto que en España también existen «anécdotas» (no «categorías») de algún modo equiparables a dichas singularidades portuguesas, centrándome en lo que denominaré concurrencia de los convenios colectivos portugueses en sentido amplio[88]. En quinto lugar —asimismo de capital importancia, desde el punto de vista de la gestión jurídica de recursos humanos en las empresas portuguesas—, la relativa a qué ocurre con los trabajadores no sujetos en la empresa a ningún convenio colectivo, a pesar de la existencia de una pluralidad de convenios colectivos (evidentemente, convenios colectivos concurrentes, desde el punto de vista funcional) simultáneamente vigente en ella[89].

15. A su vez, el segundo vértice del triángulo (segunda «Parte» de mi trabajo) aborda la problemática de la concurrencia de convenios colectivos en España, supuesto que no estén implicados en ella únicamente convenios colectivos dotados de eficacia normativa general. Por puro paralelismo con la «Parte» inmediatamente precedente, también he articulado esta otra alrededor de cinco grandes núcleos temáticos. En primer lugar, el relativo a las muy diversas tipologías de convenios colectivos españoles extraestatutarios manejadas por la doctrina científica y la jurisprudencia[90], pero teniendo en cuenta que se trata —en

---

87.   *Ibidem*, letra C), números **8, 9** y **10**.
88.   *Ibidem*, letra D), números **11, 12** y **13**.
89.   *Ibidem*, letra E), números **14, 15** y **16**.
90.   Véase *infra*, Parte Segunda, letra A), números **2, 3** y **4**.

mi opinión— de convenios colectivos extraestatutarios a calificar de «ordinarios», pues los «extraordinarios» (o si se quiere, especiales e, incluso, sorprendentes) los abordaré en la «Parte» tercera de mi trabajo. En segundo lugar, el relativo a la inaplicación de las reglas del artículo 84 del Estatuto de los Trabajadores (precepto, como se sabe, recientemente enmendado) a los conflictos de concurrencia de convenios colectivos, supuesta la implicación en tales conflictos de convenios colectivos estatutarios y convenios colectivos extraestatutarios «ordinarios», un asunto al que se viene prestando una sólo muy relativa atención doctrinal en España[91]. En tercer lugar, el relativo a los supuestos conflictos de concurrencia en que se vean implicados única y exclusivamente convenios colectivos extraestatutarios «ordinarios» (asunto, como era previsible, que posee un alto interés comparatista, si examinado desde el punto de vista del Derecho portugués del Trabajo), donde con mayor razón tampoco juegan las reglas de solución de conflictos de concurrencia de convenios colectivos a que se refiere el recién citado artículo 84 del Estatuto de los Trabajadores[92]. En cuarto lugar —en cuanto que presupuesto para que pueda hablarse de que existen verdaderos conflictos de concurrencia entre convenios colectivos extraestatutarios «ordinarios»—, el relativo a la evidente eficacia normativa que estos últimos poseen, lo que me obligará a tratar —supuesto que la distinción entre contenido normativo y contenido obligacional de los convenios colectivos parece universal— cuál sea el alcance del contenido normativo de los convenios colectivos extraestatutarios «ordinarios», supuesto que también cabe identificar en ellos cláusulas de carácter meramente obligacional (por ejemplo, las relativas a la renuncia al ejercicio durante su vigencia del derecho de huelga), que sólo cabe estipular en pactos de naturaleza colectiva[93]. En quinto lugar, supuesto su contenido normativo, el relativo a

---

91. *Ibidem*, letra B), números **5**, **6** y **7**.
92. *Ibidem*, letra C), números **8**, **9** y **10**.
93. *Ibidem*, letra D), números **11**, **12** y **13**.

que los conflictos de concurrencia en que se vean implicados los convenios colectivos extraestatutarios «ordinarios» se resolverán aplicando el principio de norma más favorable, tal y como se encuentra positivizado en el artículo 3 del Estatuto de los Trabajadores, resultando ser una solución que cuenta con una tradición judicial en España muy grande, pues ya se utilizaba por nuestros tribunales laborales durante los primeros tiempos del franquismo, en los que —a pesar de la prohibición oficial de los convenios colectivos— estos últimos se negociaban en las empresas al margen de la ley, probando así contundentemente que puede haber *«senseless prohibitions»* (como la relativa, por ejemplo, a prohibir que los peces vivan en el agua)[94].

16. En fin, también he construido el tercer vértice de mi trabajo doctoral (su tercera «Parte») alrededor de otros cinco grandes núcleos temáticos, con la idea de acentuar el *«feedback»* entre el Derecho español y el Derecho portugués, siempre en materia de concurrencia de convenios colectivos (y desde el punto de vista, además, de un gestor jurídico de relaciones humanas en la empresa). En ella, abordo frontalmente el tema, quizá sorprendente para muchos (especialmente, en Portugal), de la concurrencia de convenios provocada por la estipulación en la empresa de convenios colectivos extraestatutarios verbales (esto es, los que antes calificaba como convenios colectivos extraestatutarios «extraordinarios»). A este efecto, en primer lugar, procederé a realizar una exégesis del apartado 1 del artículo 90 del Estatuto de los Trabajadores, al efecto de acreditar que ocho de las palabras del mismo («los convenios colectivos a que se refiere esta ley») dejan hueco a la existencia de convenios colectivos extraestatutarios verbales, los cuales se escapan de los efectos de las otras nueve palabras del precepto en cuestión («han de formalizarse por escrito, bajo sanción de

---

94. *Ibidem*, letra E), números **14**, **15** y **16**.

nulidad»)[95]. Tras esto, en segundo lugar, procederé a estudiar la reiterada doctrina judicial española de suplicación, relativa no sólo a la existencia de este tipo de convenios colectivos «extraordinarios», sino también a la incuestionable eficacia normativa que poseen, al igual que la posee el resto de convenios colectivos extraestatutarios «ordinarios», de existencia más notoria, doctrinalmente hablando[96]. Lógicamente, en tercer lugar, lo que más brilla en este tipo de pleitos es la necesidad de probar la existencia del correspondiente pacto colectivo verbal (un típico e incitante asunto propio de la práctica forense como abogado laboralista), la cual se ve muy facilitada últimamente, dado que los gestores jurídicos de relaciones humanas y los trabajadores empleados en la empresa (por no hablar de los representantes legales o sindicales de los mismos) suelen estar conectados, interactuando, a través del fenómeno expansivo de su presencia en redes sociales[97]. En cuarto lugar, una vez despejada la viabilidad jurídica del fenómeno, abordo el problema de la concurrencia de convenios colectivos, si es que alguno de los convenios implicado en ella fuese precisamente un convenio colectivo extraestatutario verbal, a resolver —al igual que sucede con la hipótesis de los convenios colectivos extraestatutarios «ordinarios»— echando mano otra vez del principio de norma más favorable[98]. Todo concluye, en quinto y último lugar, con mi intento de transponer mi tesis española sobre el tema a la realidad jurídico-laboral de las empresas portuguesas, pensando en que se trata de una transposición necesaria y provechosa, de un lado, por caber también echar mano en Portugal de la tesis española de los convenios colectivos «tácitos» (no escritos, al igual que sucede con la costumbre laboral, también precisada en el país vecino de la prueba de su existencia); y de otro lado, por estar firmemente convencido (ahora desde mi concreto y peculiar punto de vista, como gestor jurídico de

---

95. Véase *infra*, Parte Tercera, letra A), números **2**, **3** y **4**.
96. *Ibidem*, letra B), números **5**, **6** y **7**.
97. *Ibidem*, letra C), números **8**, **9** y **10**.
98. *Ibidem*, letra D), números **11**, **12** y **13**.

relaciones humanas en la empresa) de que este tipo de pactos colectivos «extraordinarios» semeja ser el aceite del motor empresarial, sin el cual —al igual que sucede en los vehículos, cuyos motores precisan ser «engrasados»— no podría funcionar correctamente ninguna empresa[99].

---

99.   *Ibidem*, letra E), números **14**, **15** y **16**.

Parte primera

Los convenios colectivos portugueses concurrentes de eficacia normativa limitada, primer vértice de la comparación a realizar

1. El análisis de la problemática de la concurrencia de los convenios colectivos portugueses debe ir precedida, en mi opinión, de unas consideraciones protocolares de carácter terminológico, puesto que el Código portugués del Trabajo utiliza un vocabulario jurídico uniformador (centrado en la expresión «instrumento de reglamentación colectiva de trabajo»), totalmente usual en la literatura jurídica y jurisprudencia portuguesas, pero que resulta muy contrastante con la terminología que solemos utilizar en España [cfr. *infra*, A)][1]. Esto despejado, el contraste más notable entre los Derechos colectivos del Trabajo español y portugués se refiere al diferente carácter que la legislación otorga a la eficacia normativa de los convenios colectivos, pues —a diferencia de lo que sucede con la regulación contenida en el Título III del Estatuto de los Trabajadores— el Código portugués del Trabajo asigna, en cambio, eficacia normativa limitada (basada en el principio de la doble afiliación) a los convenios colectivos que regula, lo que provoca en Portugal la existencia de un régimen legal de la problemática de la concurrencia muy diferente del español, por lo que no me ha

---

1. Números **2, 3** y **4**.

quedado más remedio que tener en cuenta y resaltar dicho tipo de eficacia [cfr. *infra*, B)][2]. Como se verá, no queda más remedio que distinguir en el ordenamiento laboral portugués, de un lado, entre concurrencia de convenios colectivos en sentido estricto, que es la única expresamente regulada en el Código del Trabajo, y relativa a la jerarquía entre convenios colectivos con eficacia normativa limitada y de distintos ámbitos funcionales, pero negociados por un mismo sindicato [cfr. *infra*, C)][3]; y de otro lado, la concurrencia de convenios colectivos en sentido amplio, carente —en principio— de toda problemática legalmente relevante, pues la realidad jurídico laboral portuguesa está presidida por la tolerancia del fenómeno de que rijan simultáneamente en la misma empresa distintos convenios colectivos, todos de eficacia normativa limitada, y negociados por sindicatos asimismo diversos [cfr. *infra*, D)][4], aunque esto pueda sorprender en España. Como asimismo comprobaremos luego [cfr. *infra*, D)][5], la construcción de este primer vértice comparatista la he ensamblado sobre dos ideas-fuerza con sus equivalentes en nuestro Derecho colectivo del Trabajo, relativas a que no deben quedar en la empresa trabajadores no cubiertos por ningún convenio colectivo (lo contrario, plantearía problemas de gestión jurídica de las relaciones humanas en la empresa), y a que este logro puede conducir a la existencia en Portugal de la llamada negociación colectiva «atípica» de ámbito empresarial (sobre la que existe una importante y muy influyente literatura jurídica portuguesa resaltadora de su eficacia normativa general, a la que tendré que referirme luego), cuyos parecidos y paralelismos con nuestra negociación colectiva extraestatutaria de ámbito empresarial (los llamados, siempre en España, «pactos y acuerdos colectivos», poseedores asimismo de eficacia normativa general) le resultaría a cualquier

---

2.   Números **5**, **6** y **7**.
3.   Números **8**, **9** y **10**.
4.   Números **11**, **12** y **13**.
5.   Números **14**, **15** y **16**.

hipotético observador español mucho más que meramente evidente.

A) LA PECULIAR TERMINOLOGÍA NEGOCIAL COLECTIVA UTILIZADA POR EL CÓDIGO PORTUGUÉS DEL TRABAJO DE 2009

2. Quizá la primera sorpresa que se lleva un observador español cuando procede a analizar las fuentes del Derecho colectivo portugués del Trabajo, tal y como se encuentran reguladas en el Código del Trabajo allí vigente de 2009 —que resulta imperativo aclarar—, se refiere a la terminología utilizada por el Código en cuestión allí donde menciona los «instrumentos de reglamentación colectiva de trabajo [*instrumentos de reglamentação colectiva de trabalho*]», porque carece de paralelos simétricos genéricos en el Título III del Estatuto de los Trabajadores[6]. En efecto, en dicho Código, su Capítulo I (rotulado «Fuentes del Derecho del Trabajo [*Fontes do Direito do Trabalho*]») del Título I del Libro I, artículos 1 a 3 (de algún modo equivalente, en su conjunto, al artículo 3 del Estatuto de los Trabajadores), viene a afirmar en cascada lo siguiente: 1) que «el contrato de trabajo está sujeto, en especial, a los instrumentos de reglamentación colectiva del trabajo»[7]; 2) que «las normas legales reguladoras del contrato de trabajo pueden ser desplazadas por instrumento de reglamentación colectiva del trabajo»[8]; y 3) que «los instrumentos de reglamentación colec-

---

6. Sumamente interesante, desde el punto de vista terminológico, véase Yolanda MANEIRO VÁZQUEZ y José María MIRANDA BOTO (Coordinadores), *As 67 dúbidas mais frecuentes na negociación colectiva*, 2ª ed., Consello Galego de Relacións Laborais (Santiago de Compostela, 2015), págs. 12 y ss.

7. Cfr. artículo 1. Textualmente, «*O contrato de trabalho está sujeito, em especial, aos instrumentos de regulamentação coletiva de trabalho*».

8. Cfr. artículo 3, apartado 1. Textualmente, «*As normas legais reguladoras de contrato de trabalho podem ser afastadas por instrumento de regulamentação colectiva de trabalho*».

tiva del trabajo pueden ser negociales y no negociales»[9]. No se trata de terminología constitucional, pues la Constitución vigente en Portugal de 1976 afirma —con terminología a calificar de estándar en el mundo occidental—, de un lado, que «compete a las asociaciones sindicales ejercer el derecho de contratación colectiva, el cual se garantiza por lo dispuesto en la ley»[10]; y de otro lado, que «la ley establece las reglas relativas a la legitimación para la celebración de convenios colectivos de trabajo, así como la eficacia de las normas respectivas»[11]. Consecuentemente, sobre la base de tratarse de terminología legal, la clave radica —a mis concretos efectos— en distinguir las dos especies de «instrumentos de reglamentación colectiva de trabajo» (expresión que podría traducirse, incluso, como fuentes específicas del Derecho colectivo del Trabajo), que son —recuérdese— los «negociales» y los «no negociales».

3. Empezando por los segundos, el Código del Trabajo afirma que «los instrumentos de reglamentación colectiva de trabajo no negociales son la Orden ministerial de extensión, la Orden ministerial de condiciones de trabajo y el laudo arbitral en proceso de arbitraje obligatorio o necesario»[12]. Por supuesto, la Orden ministerial de extensión y el arbitraje obligatorio poseen paralelos simétricos claros en el Derecho español, pues la primera equivale a la resolución administrativa de extensión de convenios colectivos regulada en el artículo 92, apartado 2, del

---

9.   Artículo 2, apartado 1. Textualmente, «*Os instrumentos de regulamentação colectiva de trabalho podem ser negociais ou não negociais*».
10.   Artículo 56, apartado 3. Textualmente, «*Compete ás associações sindicais exercer o direito de contratação colectiva, o qual é garantido nos termos da lei*».
11.   *Ibidem*, apartado 4. Textualmente, «*A lei estabelece as regras respeitantes á legitimidade para a celebração das convenções colectivas de trabalho, bem como á eficácia das respetivas normas*».
12.   Artículo 2, apartado 4. Textualmente, «*Os instrumentos de regulamentação colectiva de trabalho não negociais são a portaria de extenção, a portaria de condições de trabalho e a decisão arbitral em processo de arbitragem obrigatória ou necessária*».

Estatuto de los Trabajadores, mientras que el arbitraje obligatorio equivaldría al regulado en el artículo 10 del Real Decreto-ley 17/1977, sobre relaciones de trabajo. No sucede lo mismo, en cambio, con la Orden ministerial portuguesa de condiciones de trabajo. Tenía su equivalente en la redacción originaria de 1980 de nuestro Estatuto de los Trabajadores (allí donde afirmaba que «la regulación de las condiciones de trabajo por rama de actividad para los sectores económicos de la producción y demarcaciones territoriales en que no exista convenio colectivo podrá realizarse por el Gobierno, a propuesta del Ministerio de Trabajo, previas las consultas que considere oportunas a las asociaciones empresariales y organizaciones sindicales, sin perjuicio de lo dispuesto en el artículo noventa y dos de esta Ley [sobre la extensión de convenios colectivos], que será siempre procedimiento prioritario»)[13], pero acabó desapareciendo por resultar difícilmente conciliable con las exigencias de la autonomía colectiva y, sobre todo, por su evocación de las viejas reglamentaciones de trabajo y ordenanzas laborales franquistas. Creo que no vale la pena teorizar sobre dicha peculiar fuente normativa laboral portuguesa, dado que una Sentencia (*Acordão*) del Supremo Tribunal de Justicia de 29 septiembre 2021[14], afirma —con cita nominal de doctrina científica portuguesa[15]— que «las Órdenes ministeriales de condiciones de trabajo tienen ... una naturaleza residual, prevaleciendo en relación con éstas, las Órdenes ministeriales de extensión y, en relación con éstas, los instrumentos de reglamentación colectiva de trabajo negociales»[16], aclarando incluso —en línea con

---

13. Cfr. su disposición adicional primera.

14. Proceso número 7814/18.3T8VNG.P1.S1, ponente Paula SÀ FERNANDES.

15. Más en concreto, María del Rosário PALMA RAMALHO, *Tratado de Direito do Trabalho. Parte III. Situaçoes Laborais Colectivas*, 2ª ed., Almedina (Coimbra, 2015), págs. 394-395.

16. Cfr. Fundamentos de Derecho. Textualmente, «*As portarias de condições de trabalho tem ... uma natureza residual prevalecendo relativamente a estas, as portarias de extensão e, relativamente a estas, os instrumentos de regulamentação coletiva de trabalho negociais*».

la norma española antes citada y actualmente derogada— que dicha norma reglamentaria sólo puede ser dictada si «no existen asociaciones sindicales o de empresarios en el área de actividad o profesional en cuestión»[17], si «es inviable el recurso a la Orden ministerial de extensión»[18], y si «se justifica con base en criterios sociales y económicos»[19]. A mis concretos efectos, resultaría perturbador y oscurecedor implicarlas en la problemática de la concurrencia de convenios colectivos. Por eso, en lo que sigue, me centraré sólo en lo que el Código del Trabajo denomina «instrumentos de reglamentación colectiva de trabajo negociales».

4. A diferencia de lo que sucede en España, en donde la expresión «convenio colectivo» identifica todo acuerdo colectivo normativo estipulado por sujetos colectivos (aunque el Estatuto de los Trabajadores distinga en ocasiones, como sucede en su artículo 41, entre «acuerdos o pactos colectivos», de un lado[20], y los «convenios colectivos regulados en el Título III», del otro lado[21]), el Código portugués del Trabajo utiliza, en cambio, una terminología muy precisa para referirse a las concretas especies incardinables dentro del género «instrumentos de reglamentación colectiva de trabajo negociales», única que a mí me interesa considerar. En efecto, su artículo 2 afirma que «los instrumentos de reglamentación colectiva de trabajo son el convenio colectivo, el acuerdo de adhesión y el laudo arbitral en proceso de arbitraje voluntaria»[22]. Y esto sentado, afirma inmediatamente a continuación que los convenios colectivos pueden ser, a su

---

17. *Ibidem.* Textualmente, «*Não existirem associações sindicais ou de empregadores na área de atividade profissional em questão*».
18. *Ibidem.* Textualmente, «*Ser inviável o recurso á portaria de extenção*».
19. *Ibidem.* Textualmente, «*Ser justificada com base en critérios sociais e económicos*».
20. Cfr. su apartado 2, párrafo primero.
21. Cfr. su apartado 6.
22. Apartado 2. Textualmente, «*Os instrumentos de regulamentação de trabalho negociais são a convenção colectiva, o acordo de adesão e a decisão arbitral em processo de arbitragem voluntária*».

vez, de tres tipos distintos. En primer lugar, el «contrato colectivo [*contrato colectivo*]», que es «el convenio celebrado entre asociación sindical y asociación de empresarios»[23], del todo equivalente al que nosotros denominamos convenio colectivo sectorial (y el Estatuto de los Trabajadores, más ambiguamente, convenio «de ámbito superior a la empresa»). En segundo lugar, el «acuerdo colectivo [*acordo colectivo*]», que es «el convenio celebrado entre asociación sindical y una pluralidad de empresarios para diferentes empresas»[24], que es de algún modo equivalente (aunque no del todo coincidente) con el que en España denominamos convenio colectivo de grupo de empresas. En tercer lugar, el «acuerdo de empresa [*acordo de empresa*]», que es «el convenio celebrado entre asociación sindical y un empresario para una empresa o centro de trabajo»[25], a su vez, del todo equivalente al que en España llamamos convenio colectivo de empresa. Como se ve, en las tres definiciones está omnipresente la expresión «asociación sindical», crucial para entender cómo funciona en Portugal la concurrencia de convenios colectivos, la cual tiene muy poco que ver con la concurrencia de convenios colectivos tal y como la entendemos en España, aunque para poder esclarecer esta diferencia me parezca imprescindible abordar antes, lo que procederá a realizar inmediatamente, qué tipo de eficacia normativa cabe asignar, cualquiera que sea su ámbito funcional (empresarial o sectorial), a los convenios colectivos portugueses.

---

23. Cfr. apartado 3, letra a). Textualmente, «*a convenção celebrada entre associação sindical e associação de empregadores*».
24. *Ibidem*, letra b). Textualmente, «*a convenção celebrada entre associação sindical e uma pluralidade de empregadores para diferentes empresas*».
25. *Ibidem*, letra c). Textualmente, «*a convenção celebrada entre associação sindical e um empregador para uma empresa ou estabelecimento*».

B) LA REGLA DE LA EFICACIA NORMATIVA LIMITADA DE LOS CONVENIOS COLECTIVOS, BASADA EN EL PRINCIPIO DE LA DOBLE AFILIACIÓN, EN CUANTO QUE CONDICIONANTE DE LA PROBLEMÁTICA PORTUGUESA DE LA CONCURRENCIA DE CONVENIOS COLECTIVOS

5. A diferencia de lo que sucede en España (donde la regla general es la eficacia normativa general de los convenios colectivos, supuesto que los sindicatos pactantes tengan la legitimación exigida por el Título III del Estatuto de los Trabajadores, la cual está construida en base al criterio de la audiencia electoral)[26], en Portugal no cabe hablar de sindicatos «representativos» (al regir allí, en cambio, el criterio de la afiliación sindical), lo que provoca que la eficacia normativa de los convenios colectivos portugueses sea una eficacia normativa limitada (cualquiera que sea, además, su ámbito funcional de aplicación), basada esta peculiar eficacia normativa suya en el principio de la doble afiliación, que aparece consagrado en el artículo 496 del Código del Trabajo (rotulado «Principio de la afiliación [*Princípio da afiliação*]»). De acuerdo con este precepto, el régimen jurídico de dicho principio es, en lo más esencial, el siguiente: 1) «el convenio colectivo obliga al empresario que lo suscribe o está afiliado a la asociación de empresarios celebrante, así como a los trabajadores a su servicio que sean miembros de la asociación sindical celebrante»[27]; 2) «el convenio celebrado por una unión, federación o confederación obliga a los empresarios y trabajadores afiliados, respectiva-

---

26. Cfr., en lo más esencial, artículo 82, apartado 3, párrafo primero, del Estatuto de los Trabajadores, según el cual «los convenios colectivos regulados por esta ley obligan a todos los empresarios y trabajadores incluidos dentro de su ámbito de aplicación y durante todo el tiempo de su vigencia».

27. Apartado 1. Textualmente, «*A convenção colectiva obriga o empregador que a subscreve ou filiado em associação de empregadores celebrante, bem como aos trabalhadores ao seu serviço que sejam membros de associação sindical celebrante*».

mente, a asociaciones de empresarios o sindicatos, cuando celebre en nombre propio, de conformidad con los respectivos estatutos»[28]; y 3) desde un punto de vista temporal, «el convenio comprende a los trabajadores y empresarios afiliados a las asociaciones celebrantes al inicio del proceso negocial, así como a los que se afilien a ellas durante la vigencia del mismo»[29], teniendo en cuenta que «en el caso de que el trabajador, el empresario o la asociación en que alguno de ellos esté inscrito se desafilie de la entidad celebrante, el convenio continúa aplicándoseles hasta el plazo de vigencia que en él conste o, si no prevé plazo de vigencia, durante un año o, en todo caso, hasta la entrada en vigor del convenio que lo revise»[30]. Lógicamente, este hecho condiciona radicalmente las comparaciones que pretendo realizar con el Derecho colectivo español del Trabajo —dada la inviabilidad de tomar en consideración instituciones jurídicas heterogéneas—, lo que me obligará a prescindir de los convenios colectivos españoles de eficacia normativa general, para centrarme —como luego comprobaremos— en los convenios colectivos negociados al margen del Título III del Estatuto de los Trabajadores (esto es, los usualmente llamados en España convenios colectivos extraestatutarios).

---

28. Apartado 2. Textualmente, «*A convenção celebrada por união, federação ou confederação obriga os empregadores e os trabalhadores filiados, respectivamente, em associações de empregadores ou sindicatos representados por aquela organização quando celebre em nome próprio, nos termos dos respetivos estatutos*».

29. Apartado 3. Textualmente, «*A convenção abrange trabalhadores e empregadores filiados em associações celebrantes no início do processo negocial, bem como os que nelas se filiem durante a vigência da mesma*».

30. Apartado 4. Textualmente, «*Caso o trabalhador, o empregador ou a associação em que deles esteja inscrito se desafilie de entidade celebrante, a convenção continua a aplicar-se até ao final do prazo de vigência, durante um año ou, em qualquer caso, até á entrada em vigor da convenção que a reveja*».

6. Por su parte, la jurisprudencia laboral portuguesa acepta sin reservas el recién citado principio de la doble afiliación, en cuanto que condicionante de la eficacia normativa limitada que poseen los convenios colectivos portugueses (sean contratos colectivos, acuerdos colectivos o acuerdos de empresa, de conformidad con la peculiar terminología legal a que antes hice referencia). De entre la abundante jurisprudencia sobre el tema, me ha parecido significativa —por su claridad— una Sentencia del Supremo Tribunal de Justicia de 20 junio 2018[31]. En ella, en lo esencial y con abundante cita de manualística y doctrina científica portuguesa sobre el tema (que realmente abruma, pues se trata de hasta diez obras doctrinales distintas)[32], se afirma todo lo siguiente: 1) «conforme se desprende del artículo 496, apartado 1, del CT/2009, el convenio colectivo obliga al empresario que lo suscribe o que esté afiliado a la asociación de empresarios celebrante, así como a los trabajadores a su servicio que sean miembros de la asociación sindical otorgante»[33]; 2) «es el principio de la afiliación consagrado en este precepto (o más correctamente, el principio de la doble afiliación) el que establece la regla fundamental para la definición del círculo de trabajadores y empresarios sujetos a los efectos normativos de un convenio colectivo»[34]; y 3) «así, para que se produzca la aplicación de un CCT no basta con que los trabajadores estén afiliados al sindicato inscrito en la Federa-

---

31. Proceso número 3910/16.0T8VIS.C1.S1, ponente GONÇALVES ROCHA.

32. De entre dicha doctrina científica, entresaco por su interés y por tratarse de uno de los magistrados que dictó la propia resolución judicial, Júlio GOMES, «A contratação colectiva in peius e a representatividade sindical», *Questões Laborais*, número 44 (2014), págs. 691 y ss.

33. Cfr. Sumario, apartado I. Textualmente, «*Conforme decorre do artigo 496, nº 1 do CT/2009, a convenção colectiva obriga o empregador que a subscreve ou que esteja filiado em associação de empregadores, bem como os trabalhadores ao seu serviço que sejam membros da associação sindical outorgante*».

34. *Ibidem*, apartado II. Textualmente, «*É o princípio da filiação consagrado neste preceito (ou mais correctamente o princípio da dupla filiação) que estabelece a regra fundamental para a definição do círculo de trabalhadores e empregadores sujeitos aos efeitos normativos duma convenção colectiva*».

ción de Sindicatos que lo suscribió, siendo también necesario que el empresario esté asociado a la asociación de empresarios otorgante»[35], teniendo en cuenta —como indica el Código del Trabajo— que «la desafiliación de trabajadores y empresarios a la entidad celebrante de un convenio colectivo no tiene efectos inmediatos»[36], y matizando asimismo —dado que los convenios colectivos aplicables al caso habían sido objeto de Órdenes ministeriales de extensión— que «una Orden ministerial de extensión no puede determinar la aplicación de un convenio colectivo a los trabajadores no afiliados a la entidad sindical otorgante, pero que sean miembros de otro sindicato»[37].

7. Como es lógico, el citado principio de afiliación tiene un carácter rigurosamente transversal en el Derecho colectivo portugués del Trabajo, hasta el punto incluso de fijar el número de delegados sindicales protegidos por el Código del Trabajo (y que el empresario, lógicamente, se ve obligado a tener que reconocer) no en atención al censo de trabajadores existentes en la empresa o centro de trabajo, sino en atención a la densidad sindical existente en la unidad productiva de que se trate. En este sentido, el artículo 463 (rotulado «Número de delegados sindicales») de dicho cuerpo legal resulta terminante, al manejar machaconamente la expresión «trabajadores sindicalizados [*trabalhadores sindicalizados*]» o trabajadores afiliados a los sindicatos en la concreta empresa de que se trate, disponiendo a este efecto que «el número máximo de delegados

---

35. *Ibidem*, apartado III. Textualmente, «*Assim, para que ocorra a aplicação dum CCT não basta que os trabalhadores estejam filiados no sindicato inscrito na Federação de Sindicatos que o subscreveu, sendo tambén necessário que o empregador seja associado da associação de empregadores outorgante*».

36. *Ibidem*, apartado IV. Textualmente, «*A desfiliação de trabalhadores e empregadores da entidade celebrante duma convenção colectiva não tem efeitos imediatos*».

37. *Ibidem*, apartado V. Textualmente, «*Uma Portaria de extenção não pode determinar a aplicação duma convenção colectiva a trabalhadores não filiados na organização sindical outorgante, mas que sejam membros dum outro sindicato*».

sindicales que se benefician del régimen de protección previsto en este Código se determina de la siguiente forma: a) En empresa con menos de 50 trabajadores sindicalizados, uno; En empresa con 50 a 99 trabajadores sindicalizados, dos; En empresa, con 100 a 199 trabajadores sindicalizados, tres; En empresa con 200 a 499 trabajadores sindicalizados, seis; [y] En empresa con 500 o más trabajadores sindicalizados, el número resultante de la siguiente fórmula: 6+[n-500: 200]»[38], teniendo en cuenta —a efectos de interpretar esta fórmula— que «n es el número de trabajadores sindicalizados»[39]. Esta transversalidad explica, a su vez, que el índice de afiliación a los sindicatos portugueses sea extraordinariamente elevado (sobre todo, si comparado con el de países como el nuestro, donde el principio relevante no es el de afiliación sindical, sino el de audiencia electoral), habiendo puesto de relieve la doctrina científica a la que sigo, respecto de las dos centrales sindicales portuguesas más importantes (esto es, la Confederación General de Trabajadores Portugueses o CGTP, de inspiración comunista, y la Unión General de Trabajadores o UGT, de inspiración socialista), que esta última posee «350.000» afiliados (más de un tercio que su homóloga española, a pesar de que España multiplica por cinco la población de Portugal), afirmándose oficiosamente que «la primera duplica con creces ese número de afiliados»[40].

---

38. Apartado 1. Textualmente, «*O número máximo de delegados sindicais que beneficiam do regime de protecção previsto neste Código é determinado da seguinte forma: a) Em empresa com menos de 50 trabalhadores, um; b) Em empresa com 50 a 99 trabalhadores, dois; c) Em empresa com 100 a 199 trabalhadores, três; d) Em empresa com 200 a 499 trabalhadores, seis; e) Em empresa com 500 ou mais trabalhadores, o número resultante da seguinte fórmula: 6+[n-500: 200]*».

39. Cfr. apartado 2. Textualmente, «*n é o número de trabalhadores sindicalizados*».

40. Acerca de todo ello, véase Jesús MARTÍNEZ GIRÓN y Alberto ARUFE VARELA, *Fundamentos de Derecho comparado del Trabajo y de la Seguridad Social*, 3ª ed., Atelier (Barcelona, 2023), pág. 208.

C) LA SECCIÓN II DEL CAPÍTULO I DEL SUBTÍTULO II DEL TÍTULO III DEL LIBRO II DEL CÓDIGO PORTUGUÉS DEL TRABAJO DE 2009, SOBRE CONCURRENCIA EN SENTIDO ESTRICTO DE CONVENIOS COLECTIVOS

8. Esta Sección del Código del Trabajo comprende los artículos 481, 482 y 483, agrupados bajo el rótulo genérico —que lógicamente atrajo mi atención, como el hierro es atraído por un imán— «Concurrencia de instrumentos de reglamentación colectiva de trabajo [*Concorrência de instrumentos de regulamentação colectiva de trabalho*]», teniendo en cuenta para calibrar esta expresión las precisiones terminológicas que efectué antes. De estos tres preceptos, descarto el análisis del artículo 483, pues trata de los instrumentos de reglamentación colectiva de trabajo no negociales (Órdenes ministeriales de extensión, Órdenes ministeriales de condiciones de trabajo y arbitrajes colectivos obligatorios o necesarios), mientras que los otros dos impactan directamente sobre mi tema, al referirse a los instrumentos de reglamentación colectiva de trabajo negociales (convenios colectivos en sus tres especies, recuérdese, relativas al contrato colectivo, al acuerdo colectivo y al acuerdo de empresa). Son dos preceptos que presuponen que los convenios colectivos concurrentes han sido estipulados por los mismos sujetos colectivos (o por sujetos colectivos a los que se encuentran afiliados los sujetos colectivos celebrantes), que es lo que yo denomino concurrencia de convenios colectivos en sentido estricto (a distinguir de la concurrencia de convenios colectivos en sentido amplio, a ver luego, en la que los sujetos colectivos implicados son sujetos distintos, con sus propios afiliados). Lógicamente, su contenido se encuentra totalmente condicionado por el principio de la doble afiliación a los sujetos colectivos pactantes, a que también antes hice referencia, poniéndolo así de relieve la jurisprudencia laboral existente sobre el tema. En este sentido, cabe la cita, por ejemplo, de una Sentencia de la Audiencia Territorial (*Tribunal da Relação*) de Lisboa de 25 octubre 2023[41], en la que se concluye que «actualmente la cuestión atinente a la concurrencia de instrumentos de reglamentación colectiva de trabajo negociales y no negociales se resuelve a través del recurso a los criterios establecidos en los artículos 482 y 483 del CT/2009»[42], pero después de recordar —con referencia expresa al principio de la doble afiliación, regulado en el artículo 496 del Código del Trabajo— que «en sede de aplicación de convenios colectivos, la ley laboral contempla el principio de afiliación»[43].

9. La doctrina científica estudiosa del tema afirma que los artículos 481 y 482 del Código del Trabajo son preceptos orientados, de un lado, a impedir la vigencia simultánea en la empresa de dos o más convenios colectivos (se supone, que estipulados por el mismo sujeto sindical); y de otro lado, a que el conflicto de concurrencia tenga que resolverse tendencialmente aplicando el principio de especialidad, y con exclusión —en todo caso— de la aplicación del principio de norma más favorable[44]. En este sentido, lo que contemplan dichos dos preceptos es la concurrencia entre convenios colectivos horizontales (los que llamaríamos, en España, convenios colectivos horizontales) y convenios colectivos verticales o industriales, o sólo entre convenios colectivos de este último tipo. Respecto del primero de esos dos supuestos de hecho, el artículo 481 afirma que «el instrumento de reglamentación colectiva de trabajo negocial de un sector de actividad [esto es, el convenio colectivo vertical] desplaza la aplicación de un instrumento de la misma

---

41. Proceso número 5405/22.3T8FNC.L1-4, ponente Leopoldo SOARES.
42. Sumario, apartado II. Textualmente, «*Actualmente a questão atinente á concorrência de instrumentos de regulamentação colectiva de trabalho negociais e não negociais é resolvida através do recurso aos critérios estabelecidos nos artigos 482º e 483º do CT/2009*».
43. *Ibidem*, apartado I. Textualmente, «*Em sede de aplicação de convenções colectivas de trabalho á lei laboral contempla o princípio da filiação*».
44. Al respecto, extraordinariamente claro, véase Pedro ROMANO MARTINEZ, *Direito do Trabalho*, 7ª ed., Almedina (Coimbra, 2015), págs. 287-289.

naturaleza cuyo ámbito se define por la profesión o profesiones relativos a dicho sector de actividad [esto es, el convenio colectivo horizontal]»[45]. Respecto del segundo supuesto de hecho, hay que distinguir una regla general (en realidad, un cúmulo de reglas generales) y una cláusula de cierre. La regla general (establecida en el artículo 482) se diversifica, por un lado, en la relativa a que «siempre que exista concurrencia entre instrumentos de reglamentación colectiva de trabajo negociales, se observan los siguientes criterios de preferencia»[46] —orientados a la aplicación en la empresa de un solo convenio colectivo—, relativos a que «el acuerdo de empresa desplaza la aplicación del acuerdo colectivo o del contrato colectivo»[47], y a que «el acuerdo colectivo desplaza la aplicación del contrato colectivo»[48]; y por otro lado, en la relativa a que estos criterios «pueden ser desplazados por instrumento de reglamentación colectiva de trabajo negocial, señaladamente a través de una cláusula de articulación»[49], refiriéndose esta negociación colectiva articulada, bien a «convenios colectivos de diferente nivel, señaladamente interconfederal, sectorial o de empresa»[50], bien a un «contrato colectivo que establezca que determinadas materias, como son la movilidad geográfica y funcional, la or-

---

45. Textualmente, «*O instrumento de regulamentação colectiva de trabalho negocial de um sector de actividade afasta a aplicação de instrumento da mesma natureza cujo âmbito se define por profissão ou professões relativamente áquele sector de actividade*».

46. Apartado 1. Textualmente, «*Sempre que exista concòrrencia entre instrumentos de regulamentação colectiva de trabalho negociais, são observados os seguintes critérios de preferência*».

47. *Ibidem*, letra a). Textualmente, «*O acordo de empresa afasta a aplicação do acordo colectivo ou do contrato colectivo*».

48. *Ibidem*, letra b). Textualmente, «*O acordo colectivo afasta a aplicação do contrato colectivo*».

49. Cfr. apartado 5. Textualmente, «*Podem ser afastados por instrumento de regulamentação colectiva de trabalho negocial, designadamente através de cláusula de articulação*».

50. *Ibidem*, letra a). Textualmente, «*Convenções colectivas de diferente nível, nomeadamente interconfederal, sectorial ou de empresa*».

ganización del tiempo de trabajo y la retribución sean reguladas por convenio colectivo»[51].

10. Por su parte, la cláusula de cierre (asimismo establecida en el artículo 482 del Código del Trabajo) opera en aquellos supuestos en que el conflicto de concurrencia no puede resolverse aplicando los criterios a que acabo de hacer referencia. En estos casos, lo que el precepto prevé es la realización de una votación en la que participarán los afiliados al sujeto colectivo pactante (esto es, los trabajadores afectados por el conflicto de concurrencia de convenios existente en la empresa a la que pertenecen), cuyo régimen jurídico detalla con relativa minuciosidad el propio precepto. Este régimen jurídico es el siguiente: 1) «los trabajadores de la empresa, en relación con los cuales se produce la concurrencia, escogen el instrumento aplicable, por mayoría, en el plazo de 30 días a contar desde la entrada en vigor del instrumento de publicación más reciente, comunicando la elección al empresario interesado y al servicio con competencia inspectora del Ministerio responsable en materia laboral»[52]; 2) cabe la «ausencia de elección por los trabajadores»[53], pudiendo ocurrir no sólo por un empate en la votación, sino también por incuria o dejadez de los mismos; 3) en este caso, suponiendo que la situación ideal para la empresa es siempre la aplicación de un único convenio colectivo (si se trata de un convenio negociado por el mismo sindicato), se

---

51. *Ibidem*, letra b). Textualmente, «*Contrato colectivo que estabeleça que determinadas matérias, como sejam a mobilidade geográfica e funcional, a organização do tempo de trabalho e a retribuição, sejam reguladas por convenção coletiva*».

52. Apartado 2. Textualmente, «*os trabalhadores da empresa em relação aos quais se verifica a concorrência escolhem o instrumento aplicável, por maioría, no prazo de 30 dias a contar da entrada em vigor do instrumento de publicação mais recente, comunicando a escolha ao empregador interessado e ao serviço com competência inspectiva do ministério responsável pela área laboral*».

53. Cfr. apartado 3. Textualmente, «*ausência de escolha pelos trabalhadores*».

aplica «el instrumento de publicación más reciente»[54]; 4) «habiendo sido los instrumentos en concurrencia publicados en la misma fecha, [se aplica] el que regule la principal actividad de la empresa»[55]; y 5) por último, la votación realizada por los trabajadores afectados, a efectos de elegir el convenio colectivo a ellos aplicable, «es irrevocable hasta el término de vigencia del instrumento adoptado»[56].

D) LA CONCURRENCIA EN SENTIDO AMPLIO DE CONVENIOS COLECTIVOS PORTUGUESES

11. La situación más característica existente en Portugal, siempre desde el punto de vista de la concurrencia de convenios colectivos, es la de que coincidan simultáneamente varios convenios colectivos en la misma empresa, aunque estipulados con el empresario por sindicatos distintos, resultando que ésta es la realidad a que conduce el hecho de que los convenios colectivos portugueses —siempre a título de regla general— sean convenios colectivos dotados de eficacia normativa limitada, basada en la llamada doble afiliación (en el caso de los convenios colectivos empresariales, lo decisivo es, en cambio, el vínculo asociativo de los trabajadores de la empresa a un sindicato)[57]. Aunque sorprenda a un gestor jurídico español de

---

54. *Ibidem*, letra a). Textualmente, «*O instrumento de publicação mais recente*».
55. *Ibidem*, letra b). Textualmente, «*Sendo os instrumentos em concorrência publicados na mesma data, o que regular a principal actividade da empresa*».
56. Cfr. apartado 4. Textualmente, «*é irrevogável até ao termo da vigência do instrumento adoptado*»
57. Por lo demás, se trata de una situación no solamente existente en el Derecho portugués, sino también en el Derecho alemán. Al respecto, véase Holger BRECHT-HEITZMANN, «La nueva pluralidad de convenios colectivos en el Derecho alemán del Trabajo», *Anuario da Facultade de Dereito da Universidade da Coruña*, volumen 15 (2011), pág. 265, sosteniendo lo siguiente: «de concurrencia convencional se hablaba cuando una relación laboral queda incluida dentro de varios convenios colectivos. Por ejemplo, para un afiliado a un sindi-

relaciones humanas en la empresa, se trata de un estado de cosas admitido con absoluta naturalidad por la doctrina científica laboralista portuguesa. En este sentido, por ejemplo, GONÇALVES DA SILVA —frente a lo dispuesto en los artículos 481 a 483 del Código del Trabajo, reguladores de lo que yo antes denominaba concurrencia de convenios colectivos en sentido estricto— afirma que «esta situación es distinta de la que se produce cuando existe paralelismo de instrumentos, i.e., cuando hay dos o más instrumentos que se aplican en la misma empresa (por ejemplo, una empresa celebró dos acuerdos de empresa con sindicatos diferentes)»[58]. Por su parte, ROMANO MARTÍNEZ sostiene que «no hay conflicto [de concurrencia, en sentido estricto] cuando se encuentra en vigor más de un convenio colectivo, celebrados por sindicatos diferentes, pues cada uno se aplica a los trabajadores afiliados a la asociación sindical otorgante»[59]. En fin, refiriéndose incluso al estado de cosas existente antes de la promulgación del vigente Código del Trabajo de 2009, MONTEIRO FERNANDES califica esta situación como de negociación colectiva «separada»[60], que opone a la denomi-

---

cato, pueden regir normativamente el convenio colectivo de sector y, simultáneamente, un convenio colectivo de empresa concluido por su sindicato. En este caso, la concurrencia convencional se resuelve según el principio de especialidad: el convenio colectivo de empresa más cercano desplaza, en consecuencia, al convenio colectivo sectorial más general», mientras que «la pluralidad convencional se supone cuando el centro de trabajo del empresario queda comprendido dentro del ámbito de aplicación de dos convenios colectivos concluidos por sindicatos distintos, para relaciones laborales del mismo tipo, a los que el empresario está vinculado, mientras que para cada trabajador, de conformidad con la vinculación convencional, sólo resulta de aplicación uno de los dos convenios colectivos».

58. Véase Luís GONÇALVES DA SILVA, «Artigo 481°», en Pedro ROMANO MARTINEZ, Luís Miguel MONTEIRO, Pedro MADEIRA DE BRITO, Guilherme DRAY y Luís GONÇALVES DA SILVA, *Código do Trabalho. Anotado*, 9ª ed., Almedina (Coimbra, 2013), pág. 956.

59. Véase Pedro ROMANO MARTINEZ, *Direito do Trabalho*, 7ª ed., cit., pág. 288, nota 572.

60. Véase António MONTEIRO FERNANDES, *Direito do Trabalho*, 13ª ed., Almedina (Coimbra, 2006), pág. 749.

nada negociación colectiva «conjunta»[61], afirmando a este respecto (sobre la base de que «la elección entre estas fórmulas no está jurídicamente impuesta»)[62], de un lado, que «en el primer caso, resultarán tantos convenios cuantos (por ejemplo) sean los sindicatos que representan a los trabajadores de una empresa o de una rama de actividad»[63]; y de otro lado y en relación con el segundo caso, que «nada impide, no obstante, que un proceso negocial concentrado o simultáneo acabe produciendo acuerdos formalmente distintos, aunque coincidentes en el contenido»[64].

12. Como es lógico, esta situación de concurrencia simultánea de una pluralidad de convenios colectivos distintos en una misma empresa, tratándose de convenios colectivos estipulados por sindicatos asimismo distintos, aparece registrada con naturalidad en la jurisprudencia. Para poner de relieve que se trata de un fenómeno tradicional en el Derecho colectivo portugués del Trabajo, me referiré a continuación al supuesto de hecho enjuiciado por una Sentencia del Supremo Tribunal de Justicia de 2 octubre 1996[65], que es —como se ve— anterior no sólo a la promulgación del vigente Código del Trabajo, sino incluso anterior a la promulgación del Código del Trabajo de 2003. En esta Sentencia, se sienta la conocida doctrina de que «los convenios colectivos de trabajo obligan a las entidades patronales inscritas en las asociaciones patronales signatarias, así como a los trabajadores a su servicio que sean miembros de las asociaciones sindicales representadas por las federaciones celebrantes»[66], completada con la de que —según la legislación laboral vigente en aquella época— «no hay jerarquización

---

61. *Ibidem.*
62. *Ibidem*, nota 1, inciso primero.
63. *Ibidem*, pág. 749.
64. *Ibidem*, nota 1, inciso segundo.
65. Proceso número 004415, ponente Manuel PEREIRA.
66. Cfr. Sumario, apartado I. Textualmente, «*As convenções colectivas de trabalho obrigam as entidades patronais inscritas nas associações patronais sig-*

o prevalencia siempre que cualquiera de las especies o subespecies de I[nstrumento de] R[eglamentación] C[olectiva] sea susceptible de aplicación»[67], acabó validando el supuesto de hecho de que «con el convenio que el [sindicato] actor quiere ver aplicado, concurren otros dos, por lo que es en función de esta situación de concurrencia que hay que definir el régimen regulador de las relaciones laborales entre él y los trabajadores»[68], resultando que los convenios colectivos concurrentes de autos eran los tres siguientes: 1) el «C[onvenio] C[olectivo de] T[rabajo] entre la Asociación de Agricultores del Sur del Tajo y el SETAA, publicado en el B[oletín del] T[rabajo y] E[mpleo] núm. 7/88»; 2) además, un segundo convenio colectivo, pues el recién citado se aplicaría «excepto en lo que respecta a la retribución, en que se aplicaría la tabla salarial del C[onvenio] C[olectivo de] T[rabajo] de la construcción civil»; y 3) el «C[onvenio] C[olectivo de] T[rabajo] entre la AEVP y otros y la FEPCES, publicado en el B[oletín del] T[rabajo y] E[mpleo], 1, serie núm. 29/91, de 8 de agosto».

13. Este estado de cosas, tan contrastante con el que tenemos en España (aunque, como oportunamente comprobaremos en su momento, la jurisprudencia laboral española también registra la vigencia simultánea en una misma empresa de convenios colectivos extraestatutarios dotados cada uno de ellos de eficacia normativa limitada), es el que tiene que encarar un gestor jurídico de relaciones humanas en una empresa bancaria portuguesa, como es justamente mi caso. Al respecto, cabe comprobar compulsando el periódico oficial en que se publi-

---

natárias, bem como os trabalhadores ao seu serviço que sejam membros das associações sindicais representadas pelas federações celebrantes».
    67.   Textualmente, *«não haver hierarquização ou prevalência sempre que qualquer das espécies ou subespécies de IRC seja susceptível de aplicação».*
    68.   Textualmente, *«com a convenção que o Autor quer ver aplicada, concorrem outras duas, pelo que é em função desta situação de concorrência que há que definir o regime regulador das relações laborais entre ela e os trabalhadores».*

can los convenios colectivos portugueses (esto es, el *Boletín del Trabajo y Empleo*) que un solo banco puede estar simultáneamente vinculado por hasta cuatro convenios colectivos distintos. Es el caso de la Caixa Geral de Depósitos (esto es, uno de los más importantes bancos portugueses), vinculada con los sindicatos implantados en ella por los siguientes cuatro convenios colectivos distintos, todos ellos de eficacia normativa limitada, a saber: 1) el «Acuerdo de empresa entre la Caixa Geral de Depósitos, SA y el Sindicato de los Trabajadores de las Empresas del Grupo Caixa Geral de Depósitos – STEC»[69], que es un convenio colectivo que consta de trece Capítulos, donde aparecen reguladas materias como «Prestación de trabajo»[70], «Retribución y otras prestaciones de naturaleza pecuniaria»[71], «Suspensión de la prestación de trabajo»[72], «Salud, higiene y seguridad en el trabajo»[73], o «Régimen disciplinario»[74]; 2) el «Acuerdo de empresa entre la Caixa Geral de Depósitos, SA y el Sindicato de los Bancarios del Centro y otro»[75], donde también aparecen reguladas las materias de «Prestación de trabajo»[76], «Retribución y otras prestaciones de naturaleza

---

69. Publicado en el *Boletín del Trabajo y Empleo*, número 10, de 15 marzo 2020.
70. Cfr. Capítulo IV (cláusulas 27 a 46). Textualmente, *«Prestação de trabalho»*.
71. Cfr. Capítulo V (cláusulas 47 a 67). Textualmente, *«Retribuição e outras prestações de natureza pecuniária»*.
72. Cfr. Capítulo VI (cláusulas 68 a 87). Textualmente, *«Suspensão da prestação de trabalho»*.
73. Cfr. Capítulo VII (cláusulas 88 a 90). Textualmente, *«Saúde, higiene e segurança no trabalho»*.
74. Cfr. Capítulo IX (cláusulas 97 a 108). Textualmente, *«Regime disciplinar»*.
75. Publicado en el *Boletín del Trabajo y Empleo*, número 11, de 22 marzo 2020.
76. Cfr. Capítulo IV (cláusulas 27 a 46). Textualmente, *«Prestação de trabalho»*.

pecuniaria»[77], «Suspensión de la prestación de trabajo»[78], «Salud, higiene y seguridad en el trabajo»[79], o «Régimen disciplinario»[80]; 3) el «Acuerdo de empresa entre la Caixa Geral de Depósitos, SA y la Federación de los Sindicatos Independientes de la Banca – FSIB»[81], donde se encuentran asimismo reguladas las materias de «Prestación de trabajo»[82], «Retribución y otras prestaciones de naturaleza pecuniaria»[83], «Suspensión de la prestación de trabajo»[84], «Salud, higiene y seguridad en el trabajo»[85], o «Régimen disciplinario»[86]; y 4) el «Acuerdo de empresa entre la Caixa Geral de Depósitos, SA y el Sindicato Independientes de los Bancarios del Norte – SBN»[87], donde se vuelven a regular las materias de «Prestación de trabajo»[88], «Retribución y otras prestaciones de naturaleza pecuniaria»[89],

---

77. Cfr. Capítulo V (cláusulas 47 a 67). Textualmente, «*Retribuição e outras prestações de natureza pecuniária*».
78. Cfr. Capítulo VI (cláusulas 68 a 87). Textualmente, «*Suspensão da prestação de trabalho*».
79. Cfr. Capítulo VII (cláusulas 88 a 90). Textualmente, «*Saúde, higiene e segurança no trabalho*».
80. Cfr. Capítulo IX (cláusulas 97 a 108). Textualmente, «*Regime disciplinar*».
81. Publicado en el *Boletín del Trabajo y Empleo*, número 11, de 22 marzo 2020.
82. Cfr. Capítulo IV (cláusulas 27 a 46). Textualmente, «*Prestação de trabalho*».
83. Cfr. Capítulo V (cláusulas 47 a 67). Textualmente, «*Retribuição e outras prestações de natureza pecuniária*».
84. Cfr. Capítulo VI (cláusulas 68 a 87). Textualmente, «*Suspensão da prestação de trabalho*».
85. Cfr. Capítulo VII (cláusulas 88 a 90). Textualmente, «*Saúde, higiene e segurança no trabalho*».
86. Cfr. Capítulo IX (cláusulas 97 a 108). Textualmente, «*Regime disciplinar*».
87. Publicado en el *Boletín del Trabajo y Empleo*, número 28, de 29 julio 2020.
88. Cfr. Capítulo IV (cláusulas 27 a 46). Textualmente, «*Prestação de trabalho*».
89. Cfr. Capítulo V (cláusulas 47 a 67). Textualmente, «*Retribuição e outras prestações de natureza pecuniária*».

«Suspensión de la prestación de trabajo»[90], «Salud, higiene y seguridad en el trabajo»[91], o «Régimen disciplinario»[92]. En mi opinión, se trata de cuatro convenios colectivos de contenido virtualmente clónico, lo que lógicamente atenúa toda la problemática derivada de la vigencia simultánea de una pluralidad de convenios colectivos en la misma empresa, la cual es una problemática inexistente en España. En todo caso, este aligeramiento no pone fin a la problemática suscitada por la concurrencia en sentido amplio de convenios colectivos portugueses, como pasamos a comprobar inmediatamente.

E) EL ESTATUS DE LOS TRABAJADORES PORTUGUESES NO SUJETOS A NINGUNO DE LOS CONVENIOS COLECTIVOS CONCURRENTES APLICABLES EN LA EMPRESA

14. Dada la eficacia normativa limitada que poseen, como regla general, los convenios colectivos portugueses, resulta perfectamente posible —a pesar de la existencia en una misma empresa de una pluralidad de convenios colectivos, como acaba de verse— que pueda haber trabajadores no afiliados a ningún sindicato y a los que, consecuentemente, no les resulte aplicable ningún convenio colectivo vigente en dicha empresa. Este problema aparece abordado en el artículo 497 del Código del Trabajo (rotulado «elección de convenio aplicable [*escolha de convenção aplicável*]»), en el que se establece la regla general de que «en caso de ser aplicables, en el ámbito de la empresa, uno o más convenios colectivos ..., el trabajador que no esté afiliado a ninguna asociación sindical puede escoger cuál de dichos instrumentos pasará a serle aplicable, siempre que el

---

90. Cfr. Capítulo VI (cláusulas 68 a 87). Textualmente, «*Suspensão da prestação de trabalho*».
91. Cfr. Capítulo VII (cláusulas 88 a 90). Textualmente, «*Saúde, higiene e segurança no trabalho*».
92. Cfr. Capítulo IX (cláusulas 97 a 108). Textualmente, «*Regime disciplinar*».

mismo se integre en el ámbito del sector de actividad, profesional o geográfico del instrumento escogido»[93], teniendo en cuenta que el régimen jurídico de esta elección —siempre según dicho precepto— es el siguiente: 1) «el trabajador puede efectuar la elección ... en los tres meses posteriores a la entrada en vigor del instrumento elegido o al inicio de la ejecución del contrato de trabajo, si éste fuese posterior»[94]; 2) «la aplicación del convenio [elegido]... se mantiene hasta el final de su vigencia, con el límite de 15 meses»[95]; 3) «el trabajador puede revocar la elección, cesando la aplicación del convenio seis meses después de la comunicación de dicha revocación»[96]; 4) «la elección no podrá ocurrir si el trabajador ya se encontrase afectado por la Orden ministerial de extensión del convenio colectivo aplicable en el mismo ámbito del sector de actividad, profesional o geográfico»[97], habiendo recordado una reciente Sentencia de la Audiencia Territorial de Guimarães de 23 noviembre 2023[98], que a día de hoy resulta inexorable lo que denomina «prohibición de elección [*proibição de escolha*]»[99]; y

---

93. Cfr. apartado 1. Textualmente, «*Caso sejam aplicáveis, no âmbito de uma empresa, uma ou mais convenções coletivas ..., o trabalhador que não seja filiado em qualquer associação sindical pode escolher qual daqueles instrumentos lhe passa a ser aplicável, desde que o mesmo se integre no âmbito do setor de atividade, profissional e geográfico do instrumento escolhido*».

94. Cfr. apartado 2. Textualmente, «*O trabalhador pode efetuar a escolha ... nos três meses posteriores à entrada em vigor do instrumento escolhido ou ao início da execução do contrato de trabalho, se este for posterior*».

95. Cfr. apartado 3. Textualmente, «*A aplicação da convenção ... mantém-se até ao final da sua vigência, com o limite de 15 meses*».

96. Cfr. apartado 4. Textualmente, «*O trabalhador pode revogar a escolha, cessando a aplicação da convenção seis meses após a comunicação dessa revogação*».

97. Cfr. apartado 5. Textualmente, «*A escolha não poderá ocorrer se o trabalhador já se encontrar abrangido por portaria de extensão de convenção coletiva aplicável no mesmo âmbito do setor de atividade, profissional e geográfico*».

98. Proceso número 3672/22.1T8BRG.G1, ponente Maria Leonor BARROSO.

99. Cfr. Sumario, párrafo último.

5) «el trabajador sólo puede hacer uso de la facultad [de elección]... una vez mientras que esté al servicio del mismo empleador, o de otro al que se apliquen los mismos convenios colectivos»[100]. Ahora bien, este derecho de elección tiene un coste para el trabajador que lo ejercita, pues el artículo 492 del Código del Trabajo afirma que «el convenio colectivo puede prever que el trabajador, en caso de la elección que prevé el artículo 497, pague la cantidad establecida en él a las asociaciones sindicales implicadas, a título de coparticipación en las tareas de la negociación»[101], cabiendo afirmar que este peculiar canon de negociación portugués sería considerado en España contrario a la libertad sindical del trabajador, con base en los argumentos esgrimidos en su día por nuestra mejor doctrina científica laboralista[102].

15. La inquietud legal ante el problema de que en la empresa pueda llegar a haber trabajadores cubiertos por convenio colectivo (eventualmente, una pluralidad de convenios colectivos concurrentes en sentido amplio, negociados por sindicatos distintos) y trabajadores no regidos por ningún convenio colectivo es, también, una inquietud doctrinal en Portugal, habiéndose llegado a publicar alguna extraordinaria monografía derechamente orientada a promover la existencia en la empresa de convenios colectivos de eficacia normativa general, aunque esto se haga al cambio de tener que tratarse de convenios negociados por entes distintos de los sindicatos. Es el caso del libro de 2009 de PALMA RAMALHO, acerca de lo que denomina

---

100. Cfr. apartado 6. Textualmente, «*O trabalhador só pode fazer uso da faculdade ... uma vez enquanto estiver ao serviço do mesmo empregador, ou de outro a que sejam aplicáveis as mesmas convenções coletivas*».

101. Cfr. apartado 4. Textualmente, «*A convenção coletiva pode prever que o trabalhador, para efeito da escolha prevista no artigo 497.º, pague um montante nela estabelecido às associações sindicais envolvidas, a título de comparticipação nos encargos da negociação*».

102. Véase Manuel ALONSO OLEA, «Los pactos de seguridad sindical: algunas decisiones recientes», *Revista Española de Derecho del Trabajo*, número 12 (1982), págs. 565 y ss.

negociación colectiva «atípica»[103], escrito con una metodología inductiva, que pretendía dar respuesta a cierto tipo de acuerdos negociados en empresas del sector automovilístico, cuyas conclusiones más importantes pueden reconducirse a las siguientes: 1) «la negociación colectiva atípica y el acuerdo de ella resultante son protagonizados por un empresario y por representantes de los trabajadores que no son asociaciones sindicales»[104], teniendo en cuenta que «en la práctica, los acuerdos colectivos atípicos son normalmente otorgados por las comisiones de trabajadores»[105], del todo equivalentes —añadiría yo— a los comités de empresa españoles, aunque con la diferencia esencial de carecer de toda capacidad convencional colectiva reconocida por la ley[106]; 2) la finalidad de estos acuerdos colectivos atípicos es «la uniformidad mínima de las condiciones de trabajo en el seno de las empresas, la estabilización de las relaciones colectivas de trabajo a través de los adecuados compromisos entre los intereses de los trabajadores y los intereses de gestión, la adaptación de los regímenes laborales a coyunturas económicas menos favorables y, obviamente, la paz social»[107]; 3) aunque haya habido intentos del legislador de reconducir el fenómeno[108], estos acuerdos acaban imponiéndose en las empresas en cuyo seno se estipulan, pues «son objeto de un proceso de ratificación promovido por la comisión de trabajadores, siendo sometidos a votación de los propios trabajadores»[109], de manera que «una vez ratificados por la mayoría de los trabajadores (con porcentajes que han

---

103. Véase María do Rosário PALMA RAMALHO, *Negociação colectiva atípica*, Almedina (Coimbra, 2009), 151 págs.
104. *Ibidem*, pág. 25.
105. *Ibidem*.
106. Al respecto, véase Jesús MARTÍNEZ GIRÓN y Alberto ARUFE VARELA, *Fundamentos de Derecho comparado del Trabajo y de la Seguridad Social*, 3ª ed., cit., págs. 151-152.
107. Véase María do Rosário PALMA RAMALHO, *Negociação colectiva atípica*, cit., pág. 26.
108. *Ibidem*, págs. 90 y ss.
109. *Ibidem*, pág. 67.

variado en los diversos Acuerdos), estos Acuerdos se aplicaron a todos los trabajadores de la empresa»[110]; 4) evidentemente, su existencia puede plantear problemas de concurrencia con los convenios colectivos típicos, aunque la autora descarta la aplicación de la reglas establecidas al efecto por el Código del Trabajo[111]; y 5) según ella y con carácter conclusivo, «los acuerdos colectivos atípicos sólo pueden excluirse del régimen de los instrumentos de reglamentación colectiva de trabajo en sentido estricto para regular en sentido más favorable a los trabajadores, no debiendo prevalecer sobre dichos instrumentos en la hipótesis inversa»[112].

16. Como se ve, el parecido entre esta negociación colectiva «atípica» portuguesa y lo que en España viene denominándose negociación colectiva extraestatutaria, en su variante relativa a los acuerdos o pactos colectivos de empresa, resulta más que evidente. Este hecho y el que la doctrina científica portuguesa relativa al asunto se haya visto obligada a tener que plantear el tema, precisamente en relación con la concurrencia de convenios colectivos, es una de las razones que me obligarán a construir un segundo vértice del análisis comparativo que me he propuesto realizar, en el que me abordaré frontalmente los problemas de concurrencia en que puedan verse implicados los convenios colectivos extraestatutarios españoles, en sus diversas variantes, por puro paralelismo con la situación existente en Portugal, a que acabo de hacer referencia. La construcción de este segundo vértice comparatista se ve reforzada, además, por el hecho de que la concurrencia de convenios colectivos «típicos» suela plantearse en Portugal, precisamente entre convenios colectivos que poseen eficacia normativa limitada, lo que me obligará, a su vez, en la Parte inmediatamente siguiente de mi trabajo doctoral (y relativa a dicho segundo

---

110. *Ibidem.*
111. *Ibidem*, págs. 115 y ss.
112. *Ibidem*, pág. 116.

vértice comparatista), de un lado, a descartar la problemática de la concurrencia entre convenios colectivos españoles estatutarios dotados de eficacia normativa general, única expresamente contemplada por nuestro Estatuto de los Trabajadores; y de otro lado, a bucear en la jurisprudencia laboral española, al efecto de encontrar conflictos de concurrencia planteados únicamente entre convenios colectivos extraestatutarios españoles dotados de eficacia normativa limitada (estipulados, además, por sindicatos distintos, al igual que sucede en Portugal), pudiendo anticipar ahora que mi pesquisa —como oportunamente comprobaremos en su momento— ha dado sus frutos, aunque no quepa hablar de que se trate de una jurisprudencia abundante.

PARTE SEGUNDA

LOS CONVENIOS COLECTIVOS ESPAÑOLES EXTRAESTATUTARIOS ORDINARIOS CONCURRENTES, SEGUNDO VÉRTICE DE LA COMPARACIÓN A REALIZAR

1. A diferencia de lo que sucede con el tema de la concurrencia de convenios colectivos regulado en el artículo 84 del Estatuto de los Trabajadores, la concurrencia de convenios colectivos extraestatutarios ha merecido una atención doctrinal incomparablemente menor, aunque exista alguna doctrina científica sobre él, siempre muy pegada al análisis de concreta jurisprudencia sobre dicho tema. Al respecto, me parece clásica parte de la tesis doctoral de uno de mis dos co-directores (publicada en 1985)[1], en la que —dentro de un subepígrafe titulado «La negociación colectiva "privada"»[2]— se abordaba el tema de la «concurrencia de convenios colectivos oficiales y "privados"»[3], con ideas que aprovecharé, aunque se noten los casi cuarenta años transcurridos desde que se publicó. Entre la bibliografía más reciente, cabría la cita de diversas comunicaciones (una de ellas, de otro de mis co-directores) aportadas a

---

1. Véase Jesús MARTÍNEZ GIRÓN, *Los pactos de procedimiento en la negociación colectiva*, IELSS (Madrid, 1985), 375 págs.
2. *Ibidem*, págs. 320 y ss.
3. *Ibidem*, págs. 341 y ss.

la ponencia sobre «los convenios colectivos extraestatutarios» del XIII Congreso Nacional de la Asociación Española de Derecho del Trabajo y de la Seguridad Social, de 2002[4], así como un interesante artículo más reciente sobre la impugnación procesal de convenios colectivos extraestatutarios concurrentes[5], aunque este último haya que leerlo con cautela. En efecto, frente a la jurisprudencia laboral tradicional, relativa a que «la modalidad procesal de impugnación de convenios [artículos 161 a 164 L(ey de)P(rocedimiento)L(aboral de 1995)] se extiende tanto a los Convenios Colectivos —estatutarios y extraestatutarios—, como a los acuerdos colectivos y pactos de empresa»[6], una Sentencia de la Sala de lo Social del Tribunal Supremo de 24 junio 2019[7], fallada en casación ordinaria, ha puesto de relieve —mediante una interpretación sistemática de diversos preceptos de la Ley 36/2011, Reguladora de la Jurisdicción Social, así como de su preámbulo— que «la modalidad procesal de impugnación de convenios colectivos está ya reser-

---

4.   Véase, por ejemplo, Henar ÁLVAREZ CUESTA y José Gustavo RODRÍ-GUEZ HIDALGO, «Concurrencia entre convenios colectivos estatutarios y extraestatutarios—Ultraactividad», en el volumen *La eficacia de los convenios colectivos. XIII Congreso Nacional de Derecho del Trabajo y de la Seguridad Social. Murcia, 17 y 18 de mayo de 2002*, Ministerio de Trabajo y Asuntos Sociales (Madrid, 2003), págs. 597 y ss.; y Alberto ARUFE VARELA, «Un supuesto típico de sucesión, por convenio colectivo extraestatutario, de un convenio colectivo estatutario denunciado y vencido», *ibidem*, págs. 615 y ss. Fuera ya de este volumen, con cita doctrinal que eludo repetir, véase Andrés BEJARANO HERNÁNDEZ, «La aplicación de los principios de norma mínima y norma más favorable en caso de concurrencia entre un convenio colectivo estatutario y otro de carácter extraestatutario», *Revista de Derecho Social*, número 43 (2008), págs. 105 y ss.

5.   Véase Beatriz GUTIÉRREZ-SOLAR CALVO, «La impugnación de convenios colectivos extraestatutarios en supuestos de concurrencia con convenios estatutarios (Comentario a la STS de 16 de mayo de 2002)», *Relaciones Laborales. Revista Crítica de Teoría y Práctica*, volumen II (2002), págs. 663 y ss.

6.   Véanse, por ejemplo, Sentencias de la Sala de lo Social del Tribunal Supremo de 16 mayo 2002 (*Aranzadi Instituciones*, referencia RJ 2002/7561) y de 14 octubre 2008 (*Aranzadi Instituciones*, referencia RJ 2008/7166), las dos falladas en casación ordinaria.

7.   *Aranzadi Instituciones*, referencia RJ 2019/3535.

vada exclusivamente a la impugnación de los convenios colectivos de eficacia general [regulados en el Título III del Estatuto de los Trabajadores] y de los laudos sustitutivos de éstos»[8], debiendo aplicarse la nueva doctrina al acuerdo colectivo litigioso de autos, pues «tiene exclusivamente valor de convenio extraestatutario sin eficacia general»[9].

A) SOBRE LAS TIPOLOGÍAS ORDINARIAS DE LOS CONVENIOS COLECTIVOS EXTRAESTATUTARIOS ESPAÑOLES, DESDE UN PUNTO DE VISTA DOCTRINAL Y JURISPRUDENCIAL

2. Dado que las especies incardinables en el género de la negociación colectiva extraestatutaria ordinaria (por oposición a la que denomino «extraordinaria», a la que tendré que referirme en la última parte de mi trabajo doctrinal) son extraordinariamente variadas, no me queda más remedio que efectuar una operación de descarte, al efecto de centrarme en aquellos concretos tipos susceptibles de ser comparados con los convenios colectivos vigentes en Portugal (que son, recuérdese, convenios colectivos de eficacia normativa limitada basada en el principio de la doble afiliación). Esto despejado, es claro que una de las especies que me interesa considerar es la representada por el convenio colectivo sectorial extraestatutario, como el existente en el supuesto de hecho enjuiciado por la crucial Sentencia del Tribunal Constitucional número 108/1989, de 8 junio[10], relativa al «convenio de eficacia limitada suscrito entre la Federación de Madera, Construcción y Afines de la UGT y las patronales del sector»[11], en la que se confirmó la validez del mismo (por estar amparada en el genérico derecho a la negociación colectiva laboral, proclamado por el artículo 37, aparta-

---

8.   Cfr. Fundamento de Derecho séptimo, apartado 4, letra e).
9.   *Ibidem*, apartado 6.
10.   *Boletín Oficial del Estado* de 4 julio 1989.
11.   Cfr. Fundamento Jurídico Primero, párrafo segundo.

do 1, de la Constitución), pero también la eficacia normativa meramente limitada del convenio cuestionado, debiendo tenerse en cuenta —según ella— que «el carácter estatutario o no del convenio es simple consecuencia de que se cumplan o no los requisitos de mayoría representativa que el Estatuto de los Trabajadores exige [en su Título III] para la regularidad del convenio colectivo, al que se otorga en ese caso un plus de eficacia, por el carácter [de eficacia normativa] erga omnes del llamado convenio colectivo estatutario»[12], y apuntando que no cabía olvidar «el punto fundamental de que la eficacia está también limitada del lado empresarial, que es posiblemente el aspecto más relevante de la eficacia no general»[13]. Esta eficacia normativa limitada basada precisamente en el principio de la doble afiliación —que posibilita efectuar comparaciones homogéneas con los convenios colectivos portugueses estándar— ha sido luego largamente confirmada por la doctrina de suplicación, bastando la cita para probarlo, por ejemplo, de una Sentencia de la Sala de lo Social del Tribunal Superior de Justicia del País Vasco de 18 abril 2023[14], confirma la Sentencia recurrida «rechazando la aplicación del Acuerdo colectivo extraestatutario [de ámbito sectorial] a la actora, cuando ni consta que esté afiliada a UGT, ni su empleadora, EULEN SS, forma parte de la patronal firmante del Acuerdo»[15].

3. También resultan interesantes —a mis concretos efectos— los genéricamente denominados acuerdos o pactos de empresa (mencionados *partout* en el Estatuto de los Trabajadores, pero fuera de su Título III), los cuales pueden considerarse incluso los supuestos de negociación colectiva extraestatutaria ordinaria más tradicionales, hasta el punto de poder rastrearse su existencia en los lejanos tiempos del primer franquismo (en el que, como se sabe, la negociación colectiva se encontraba

---

12.   Cfr. Fundamento Jurídico Segundo, párrafo segundo.
13.   *Ibidem*, párrafo quinto.
14.   Referencia ECLI:ES:TSJPV:2023:4125.
15.   Cfr. Fundamento de Derecho cuarto.

prohibida), habiéndose puesto de relieve doctrinalmente (porque prohibir los acuerdos colectivos empresariales se parece a la prohibición, carente de sentido, de que los peces vivan en el agua) que quizá el primero de ellos, oportunamente registrado por la jurisprudencia laboral de aquella lejana época fue un acuerdo colectivo de empresa de 1 junio 1946, celebrado en el seno de la Compañía de Tranvías de Madrid y estipulado por una representación fáctica de sus trabajadores[16]. Su carácter exraestatutario deriva del hecho de que se negocien al margen de las exigencias procedimentales previstas por el artículo 90 del Estatuto de los Trabajadores (incluida su falta de publicación en periódicos oficiales), a pesar de lo cual no cabe dudar ni de su validez ni de su eficacia[17], aunque sobre esta última resulta preciso realizar algún tipo de matización. Ordinariamente, poseen eficacia normativa general, al ser negociados con el empresario por la representación legal o unitaria de los trabajadores actuando en cuanto que tal (esto es, «mancomunadamente» por los delegados de personal[18], y en cuanto que «órgano colegiado» por el comité de empresa[19]), lo que no obsta la posibilidad de efectuar comparaciones eficaces con el Derecho portugués de la negociación colectiva, dada la existencia allí —aunque discutida, como pudimos comprobar en su momento— de convenios de empresa «atípicos», dotados de eficacia normativa general. Ahora bien, también puede tratarse de acuerdos colectivos de empresa dotados de eficacia normativa limitada, en el supuesto de que hubiese sido negociados por algún sindicato presente en el comité de empresa, aunque carente de la mayoría suficiente como para vincular con su

---

16. Al respecto, véase Jesús MARTÍNEZ GIRÓN, *Los pactos de procedimiento en la negociación colectiva*, cit., pág. 323.

17. Al respecto, por todos, véase Jesús MARTÍNEZ GIRÓN, «La negociación colectiva "extraestatutaria"», *Revista del Ministerio de Trabajo y Asuntos Sociales*, número 68 (2007), págs. 181 y ss.

18. Cfr. artículo 62, apartado 2, párrafo primero, del Estatuto de los Trabajadores.

19. Cfr. artículo 65, apartado 1, del Estatuto de los Trabajadores.

actuación al conjunto de trabajadores representados por dicho comité, remontándose los precedentes judiciales españoles sobre este asunto a muy poco tiempo después de la entrada en vigor del Estatuto de los Trabajadores[20] (como es obvio, en este caso, nos encontraríamos ante un paralelismo absolutamente simétrico en relación la realidad de la negociación colectiva de ámbito empresarial existente en Portugal). Ninguna duda cabe, sin embargo, acerca de que si los vocales del comité de empresa afiliados a un único sindicato tuviesen la mayoría de miembros del comité (a no confundir, por supuesto, con las secciones sindicales eventualmente existentes en la empresa, supuesto que actuasen por su cuenta), entonces lo negociado por ellos (aun prescindiendo totalmente de la tramitación procedimental prevista en el Título III del Estatuto de los Trabajadores) se consideraría un acuerdo o pacto colectivo de empresa dotado de eficacia normativa general, pero no de eficacia normativa limitada[21].

4. En cambio, sí considero prescindibles —siempre desde el punto de vista de eventuales comparaciones eficaces con el Derecho colectivo portugués del Trabajo— otras especies españolas de convenios colectivos extraestatutarios ordinarios, a las que también se refiere la doctrina científica laboralista española. Es el caso claro, en mi opinión, de los tres siguientes supuestos. En primer lugar, el de los convenios colectivos sectoriales del deporte profesional (como se sabe, segregados por sexos)[22], cuyo carácter extraestatutario es notorio, pues no se

---

20. Véase, con cita de jurisprudencia laboral de 1981, Jesús MARTÍNEZ GIRÓN, *Los pactos de procedimiento en la negociación colectiva*, cit., págs. 351 y ss.

21. Véase, sobre el tema, el muy interesante supuesto de hecho enjuiciado por una Sentencia del Juzgado de lo Social Número 6 de Madrid de 18 junio 2018 (*Aranzadi Instituciones*, referencia AS 2021/1214).

22. Críticamente, véase Jesús MARTÍNEZ GIRÓN y Alberto ARUFE VARELA, *Deporte profesional de-generado. Un estudio sobre feminismo radical*, Atelier (Barcelona, 2017), págs. 73 y ss.

encuentran regulados en el Título III del Estatuto de los Trabajadores, sino en la Ley 39/2022, de 30 diciembre, del deporte, aunque también resulten inasimilables a los convenios colectivos sectoriales estándar portugueses, dado que no poseen eficacia normativa limitada, sino auténtica eficacia normativa general o *erga omnes*, siempre que en su celebración se cumplan las peculiares exigencias previstas por dicha Ley extraestatutaria, relativas a que «en los convenios colectivos dirigidos a las personas deportistas profesionales, estarán legitimados para negociar las organizaciones sindicales constituidas en cada modalidad o especialidad deportiva que hayan sido designadas mayoritariamente por sus personas representadas a través de votación personal, libre, directa y secreta»[23], teniendo en cuenta que «cuando se trate de convenios de ámbito superior al de empresa, estarán legitimados para negociar los sindicatos que hubieran obtenido un mínimo del 10 por ciento del total de votos válidos emitidos en las elecciones para designar a la comisión representativa de los trabajadores»[24], y que «igualmente, cuando se trate de convenios colectivos de ámbito superior al de empresa, estarán legitimadas las ligas profesionales existentes, en su caso, en cada modalidad o especialidad deportiva, y en defecto de estas las asociaciones profesionales, que cuenten con la suficiente representatividad en el ámbito de aplicación del convenio»[25]. En segundo lugar, el de los acuerdos de empresa sobre planes de igualdad, cuya negociación en las empresas aparece regulada en el artículo 5 (rotulado «Procedimiento de negociación de los planes de igualdad») del Real Decreto 901/2020, de 13 octubre[26], con plena consciencia de

---

23. Cfr. disposición adicional decimoséptima, párrafo primero.
24. *Ibidem*, párrafo segundo.
25. *Ibidem*, párrafo tercero.
26. Sobre el tema, centrándose en la regulación contenida en la Ley Orgánica 3/2007, para la igualdad efectiva de mujeres y hombres, véase Roberto FERNÁNDEZ FERNÁNDEZ, «La igualdad por razón de género en los planes de igualdad», en Henar ÁLVAREZ CUESTA (Coordinadora) y Susana RODRÍGUEZ ESCANCIANO (Directora), *Propuestas para la igualdad por razón de género en*

que se trata de negociaciones extraestatutarias (según dicho precepto, «el procedimiento de negociación en aquellos aspectos no expresamente tratados en el presente reglamento será el establecido en el artículo 89 del Estatuto de los Trabajadores»)[27], poseyendo incluso eficacia normativa general aun cuando no exista en la empresa representación legal o unitaria de los trabajadores, al haber confirmado una Sentencia de la Sala de lo Contencioso-administrativo del Tribunal Supremo de 28 marzo 2022[28] que, precisamente en este caso, están legitimados para negociar los planes en cuestión los sindicatos que ostenten la condición de más representativos, lo que resultaría inconcebible en Portugal. En tercer lugar, el de la negociación de acuerdos de empresa sobre medidas para la igualdad y no discriminación de las personas LGTBI, regulados en el Real Decreto 1026/2024, de 8 octubre, en el que se afirma —lo que de nuevo resultaría insólito en Portugal— que «en las empresas donde no existan las representaciones referidas [en el artículo 87 del Estatuto de los Trabajadores] ... y que carezcan de convenio colectivo de aplicación, se creará una comisión negociadora constituida, de un lado, por la representación de la empresa y, de otro, por una representación de las personas trabajadoras integrada por los sindicatos más representativos y los sindicatos representativos en el sector al que pertenezca la empresa»[29], teniendo en cuenta —lo que de nuevo contrasta con la regulación efectuada para los convenios colectivos estatutarios— que «las comisiones negociadoras podrán contar con apoyo y asesoramiento externo de personas especializadas en materia de igualdad de las personas LGTBI en el ámbito laboral, quienes intervendrán con voz pero sin voto»[30].

---

los procesos de negociación colectiva, Thomson Reuters-Aranzadi (Cizur Menor, Navarra, 2016), págs. 310 y ss.; y María José ROMERO RÓDENAS, *Planes de igualdad*, Bomarzo (Albacete, 2017), págs. 20 y ss.

27. Cfr. su apartado 2, párrafo cuarto.
28. *Aranzadi Instituciones*, referencia RJ 2022/2898.
29. Cfr. artículo 6, apartado 4, párrafo primero.
30. *Ibidem*, apartado 5.

B) LA INAPLICACIÓN DE LAS REGLAS DEL ARTÍCULO 84 DEL ESTATUTO DE LOS TRABAJADORES A LA CONCURRENCIA CONVENCIONAL EN QUE ESTÉN IMPLICADOS CONVENIOS COLECTIVOS EXTRAESTATUTARIOS ORDINARIOS

5. La doctrina científica laboralista sostiene, con rara unanimidad, la inaplicación del artículo 84 del Estatuto de los Trabajadores a los conflictos de concurrencia en que puedan verse implicando los que vengo denominando convenios colectivos extraestatutarios ordinarios. En este sentido, se afirma rotundamente, por ejemplo, que «los convenios colectivos extraestatutarios se encuentran *ex* puertas del Título III del ET y, como primera consecuencia en este terreno, dicho veto [de su artículo 84] y sus excepciones no resultarán aplicables a estos conflictos, habida cuenta que "la prohibición de concurrencia que contiene el artículo 84 ET sólo afecta, como es obvio, a convenios colectivos estatutarios, sin que se extienda a pactos colectivos [extraestatutarios], por la razón ... de que no están ni previstos ni regulados en el repetido [Título III del] Estatuto»[31]; o también, que «como es opinión generalizada en la doctrina ..., la regla contenida en el artículo 84 ET no juega en caso de concurrencia entre convenios colectivos estatutarios y extraestatutarios, dentro de la misma unidad de negociación y con ámbitos temporales coincidentes»[32]. Lógicamente, la inaplicabilidad del precepto en cuestión es absoluta, extendiéndose a las tres reglas de preferencia —tras la reforma operada en el precepto, en 2024— que aparecen encapsuladas en el mis-

---

31. Véase Henar ÁLVAREZ CUESTA y José GUSTAVO RODRÍGUEZ HIDALGO, «Relación entre convenios colectivos estatutarios y extraestatutarios —ultraactividad», cit., págs. 597-598.

32. Véase Andrés BEJARANO HERNÁNDEZ, «La aplicación de los principios de norma mínima y norma más favorable en caso de concurrencia entre un convenio colectivo estatutario y otro de carácter extraestatutario», cit., pág. 116

mo[33], a saber: 1) la de «prioridad de paso del convenio más antiguo»[34], que es «la más tradicional entre nosotros, pues formaba parte del artículo 84 ET desde su primera versión ... [y] la que de forma más clara manifiesta la inexistencia de jerarquía entre convenios colectivos [estatutarios]»[35], dado que «el que ocupa en primer lugar un espacio de referencia [*prior tempore*] cobra ventaja sobre otros posibles competidores, que podrán existir e incluso regir más allá de estos contornos, pero que no pueden entrometerse en terreno ajeno»[36]; 2) la de «prioridad aplicativa simple de determinados convenios»[37], que «es más moderna, y tiene mucho que ver con los procesos de flexibilización y adaptabilidad que se han ido desarrollando mediante las conocidas operaciones de reforma laboral»[38], resultando claro que «se encuentra instalada en el artículo 84.2 ET e implica sencilla y directamente una preferencia por el convenio de empresa (y de "grupo" o conjunto empresarial) respecto del convenio sectorial, aunque ceñida a determinadas materias»[39]; y 3) la de «prioridad aplicativa condicionada»[40], la cual «se recoge en la actualidad en los tres últimos párrafos del artículo 84 ET»[41], gozando «de ella tanto los convenios colectivos y acuerdos interprofesionales de comunidad autónoma, que tendrán prioridad aplicativa sobre cualquier otro convenio sectorial o acuerdo de ámbito estatal siempre que vayan respaldados por mayorías cualificadas, como los convenios colectivos provinciales cuando así se prevea en acuerdos interprovincia-

---

33. Sobre el tema, véase Joaquín GARCIA MURCIA, «Criterios de articulación y concurrencia de convenios colectivos en la legislación española. Una aproximación preliminar», *Revista de Estudios Jurídico Laborales y de Seguridad Social*, número 9 (2024), págs. 13 y ss.
34. *Ibidem*, pág. 26.
35. *Ibidem*.
36. *Ibidem*.
37. *Ibidem*.
38. *Ibidem*.
39. *Ibidem*.
40. *Ibidem*, pág. 27.
41. *Ibidem*.

les de ámbito autonómico»[42], debiendo recordarse que «la prioridad aplicativa de estos instrumentos convencionales despierta la curiosidad del intérprete sobre todo por su particular recepción de lo que particularmente hemos conocido como principio de norma más favorable»[43].

6. Esta conclusión doctrinal unánime se encuentra sólidamente anclada en nuestra jurisprudencia laboral, la cual se remonta incluso a los años ochenta del siglo pasado. Como es lógico, desde aquel lejano entonces, la jurisprudencia en cuestión se ha mantenido con firmeza, a pesar de todos los cambios operados en el tenor del artículo 84 del Estatuto de los Trabajadores. En este sentido, quizá la última palabra sobre el tema en la Sala de lo Social del Tribunal Supremo la ha pronunciado una Sentencia de 10 julio 2019[44], fallada en casación ordinaria, en la que con cita de otras muchas asimismo falladas en el corriente siglo XXI, se sostiene —en sustancia— todo lo siguiente: 1) «esta limitada preferencia aplicativa del convenio de empresa ... parece claro que se refiere a los convenios colectivos estatutarios y no a los extraestatutarios o a los pactos o acuerdos de empresa»[45]; 2) «el artículo 84.2 ET, como excepción al principio de no concurrencia de convenios, se aplica a los convenios colectivos regulados en el Título III del ET»[46], lo cual «significa que, vigente un convenio anterior, los sujetos legitimados en el ámbito empresarial podrán negociar un convenio de empresa que una vez firmado, depositado y publicado tendrá preferencia aplicativa en las materias relacionadas en el artículo 84.2 ET»[47]; y 3) «si la concurrencia se produce con otro instrumento negocial (convenio extraestatutario o pacto o

---

42. *Ibidem.*
43. *Ibidem.*
44. *Aranzadi Instituciones*, referencia RJ 2019/3291.
45. Cfr. Fundamento de Derecho tercero, apartado 1.
46. *Ibidem.*
47. *Ibidem.*

acuerdo de empresa), no existirá tal preferencia aplicativa»[48]. Comprensiblemente, la doctrina de suplicación se atiene a esta jurisprudencia incontrovertida de la Sala de lo Social del Tribunal Supremo acerca del ámbito de aplicación del precepto estatutario regulador, en principio, de la concurrencia de convenios colectivos. Lo prueba, por ejemplo, una reciente Sentencia de la Sala de lo Social del Tribunal Superior de Justicia de Aragón de 15 marzo 2024[49], declarando inaplicable al caso que enjuiciaba la prohibición de concurrencia de convenios colectivos del artículo 84 del Estatuto de los Trabajadores (según la propia Sentencia, «reglas … sobre la concurrencia de convenios colectivos»)[50], pues —según ella— «cabe, no obstante, la declaración de validez [del pacto colectivo cuestionado, no incurso en dicha prohibición], pero degradado a convenio extraestatutario, al no haberse cumplido los requisitos necesarios para la consideración como convenio regulado por el ET, con lo que … queda relegado al papel de acuerdo meramente convencional con eficacia lmitada a los firmantes y sus representados»[51].

7. Desde un punto de vista doctrinal, también se ha puesto de relieve que la inaplicabilidad del artículo 84 del Estatuto de los Trabajadores lleva aparejada la inaplicabilidad de otros preceptos de la propia norma, bien contenidos en su Título III, bien en preceptos de su Título I, inexorablemente ligados a la negociación colectiva estatutaria, por lo que debe descartarse su aplicación si en un conflicto concurrencial se viesen implicados —respecto de los supuestos de hecho regulados en tales preceptos— los convenios colectivos extraestatutarios ordinarios, sosteniendo dicha doctrina que se trata, cuando menos, de los cuatro siguientes preceptos. En primer lugar, el artículo 86 del Estatuto de los Trabajadores (un precepto, como se sabe,

---

48. *Ibidem*.
49. *Aranzadi Instituciones*, referencia JUR 2024/174001.
50. Cfr. Fundamento de Derecho tercero.
51. *Ibidem*.

muy manoseado últimamente), allí donde procede a regular la llamada ultraactividad, pues —como recuerda la doctrina científica— su tenor «sólo es predicable respecto de los [convenios colectivos] que hayan sido negociados y concluidos con los requisitos y trámites establecidos en el Título III del propio cuerpo legal»[52]. En segundo lugar, el artículo 89 del Estatuto de los Trabajadores, allí donde procede a regular el deber de negociar colectivamente de buena fe[53], remarcándose la exclusión por causa de la referencia expresa que este precepto contiene a las reglas estatutarias sobre concurrencia de convenios (literalmente, «la parte receptora de la comunicación sólo podrá negarse a la iniciación de las negociaciones por causa legal o convencionalmente establecida, o cuando no se trate de revisar un convenio ya vencido, sin perjuicio de lo establecido en los artículos 83 y 84»)[54]. En tercer lugar, el apartado 6 del artículo 42 del Estatuto de los Trabajadores, en el que se sienta la regla general de que «el convenio colectivo de aplicación para las empresas contratistas y subcontratistas será el del sector de la actividad desarrollada en la contrata o subcontrata, con independencia de su objeto social o forma jurídica, salvo que exista otro convenio sectorial aplicable conforme a lo dispuesto en el Título III»[55], no cabiendo ninguna duda de que se

---

52. Al respecto, véase Henar ÁLVAREZ CUESTA y José GUSTAVO RODRÍGUEZ HIDALGO, «Relación entre convenios colectivos estatutarios y extraestatutarios —ultraactividad», cit., pág. 609.
53. Al respecto, véase Jesús MARTÍNEZ GIRÓN, «La negociación colectiva "extraestatutaria"», cit., pág. 68, con cita de jurisprudencia. Con consideraciones muy útiples al respecto, a través de la cuales se prueba la transversalidad del concepto de «buena fe», véase Yolanda MANEIRO VAZQUEZ, «El deber de negociar de buena fe en el período de consultas, ¿también para los representantes de los trabajadores? Comentario a la Sentencia del Tribunal Supremo 843/2018, de 18 de septiembre», *Revista de Trabajo y Seguridad Social. CEF*, número 430 (2019), págs. 167 y ss.
54. Apartado 1, párrafo segundo, medio-inciso primero. Al respecto, véase Alberto ARUFE VARELA, *La denuncia del convenio colectivo*, Civitas (Madrid, 2000), págs. 210 y ss.
55. Párrafo primero.

refiere a convenios colectivos estatutarios, pues el propio precepto —con remisión expresa a las normas estatutarias sobre concurrencia de convenios colectivos— concluye afirmando que «no obstante, cuando la empresa contratista o subcontratista cuente con un convenio propio, se aplicará éste, en los términos que resulten del artículo 84»[56]. En cuarto lugar, el artículo 44 del Estatuto de los Trabajadores, allí donde afirma que «salvo pacto en contrario, establecido mediante acuerdo de empresa establecido entre el cesionario y los representantes de los trabajadores una vez consumada la sucesión, las relaciones laborales de los trabajadores afectados por la sucesión seguirán rigiéndose por el convenio colectivo que en el momento de la transmisión fuere de aplicación en la empresa, centro de trabajo o unidad productiva autónoma transferida»[57], teniendo en cuenta que «esta aplicación se mantendrá hasta la fecha de expiración del convenio colectivo de origen o hasta la entrada en vigor de otro convenio colectivo nuevo que resulte aplicable a la entidad económica transmitida»[58], aunque la doctrina científica manifieste sus dudas, de un lado, por causa de la terminología empleada por el precepto («acuerdo de empresa», «convenio colectivo»); y de otro lado, por causa de su falta de remisión expresa a lo dispuesto en el artículo 84 del Estatuto de los Trabajadores[59].

---

56. Párrafo segundo.
57. Apartado 4, párrafo primero.
58. *Ibidem*, párrafo segundo.
59. Véase Joaquín GARCIA MURCIA, «Criterios de articulación y concurrencia de convenios colectivos en la legislación española. Una aproximación preliminar», cit., págs. 25-26.

C) EL CONTENIDO NORMATIVO (Y EN SU CASO, OBLIGACIONAL) DE LOS CONVENIOS COLECTIVOS, COMO CRITERIO GUÍA PARA RESOLVER LOS CONFLICTOS DE CONCURRENCIA CONVENCIONAL EN QUE ESTÉN IMPLICADOS CONVENIOS COLECTIVOS EXTRAESTATUTARIOS ORDINARIOS

8. La expulsión de los convenios colectivos extraestatutarios ordinarios del Título III del Estatuto de los Trabajadores, así como de sus preceptos concordantes recién mencionados, obliga a buscar una norma legal de amparo que permita resolver los conflictos de concurrencia en que puedan verse implicados los convenios colectivos de esa clase. Aparentemente, esa norma se encuentra contenida en el apartado 1 del artículo 3 (rotulado «Fuentes de la relación laboral») del propio Estatuto de los Trabajadores, allí donde menciona genéricamente como fuentes de segundo rango —inmediatamente después de «las disposiciones legales y reglamentarias del Estado»[60]— «los convenios colectivos»[61]. En mi opinión, vale la pena insistir sobre este tema, aunque sólo sea por causa de que una Sentencia de la Sala de lo Social del Tribunal Supremo de 18 febrero 2003[62], fallada en casación ordinaria, cuya doctrina ha sido calificada doctrinalmente de «sorprendente» y «brutal»[63], haya negado el encaje de los convenios colectivos extraestatutarios ordinarios (y consecuentemente, que se trate incluso de convenios colectivos), con base en los siguientes argumentos: 1) «en el orden jerárquico de la relación laboral previsto en el artículo 3 del Estatuto de los Trabajadores, el puesto que corresponde al pacto colectivo extraestatutario será sin duda el tercero, es decir, después de las normas legales y reglamentarias y de los convenios colectivos de eficacia general, situándose al mismo

---

60. Cfr. letra a).
61. Cfr. letra b).
62. *Aranzadi Instituciones*, referencia RJ 2003/3372.
63. Véase Jesús MARTÍNEZ GIRÓN, «La negociación colectiva "extraestatutaria"», cit., pág. 89.

nivel que el contrato de trabajo, aunque su ámbito subjetivo no sea individual propiamente dicho»[64]; 2) «la conclusión que se obtiene de este razonamiento es que el pacto extraestatutario no puede contradecir las cláusulas del convenio colectivo de eficacia general, en perjuicio de los trabajadores»[65]; y 3) lo procedente —supuesto que hubiese que declarar la nulidad parcial del pacto colectivo extraestatutario, y a título de norma de cobertura— sería aplicar «cuanto dispone el artículo 9.1 del Estatuto de los Trabajadores, que desarrolla y complementa en cierto sentido el artículo 3 de la propia Ley»[66]. Esta inadmisible reconducción de los convenios colectivos extraestatutarios ordinarios a los contratos individuales de trabajo (repárese en que el recién citado artículo 9, apartado 1, del Estatuto de los Trabajadores es el precepto regulador de la nulidad del contrato de trabajo) no se tiene en pie. Por eso, merece ser impugnada, trayendo a colación —con cita de la doctrina expresada por uno de los dos co-directores de mi trabajo[67]— los argumentos de que paso a tratar seguidamente.

9. Ante todo, el argumento relativo a la eficacia normativa que indudablemente poseen los convenios colectivos extraestatutarios ordinarios (los contratos individuales de trabajo, en cambio, no pueden ser en absoluto calificados como contratos normativos), aunque pueda tratarse de una eficacia normativa limitada. Se trata de una eficacia normativa amparada por el artículo 37, apartado 1, de la Constitución, allí donde se refiere a la garantía constitucional de «la fuerza vinculante de los convenios». Las pruebas al respecto resultan irrefutables en la jurisprudencia de nuestro Tribunal Constitucional, que ciño a las dos siguientes Sentencias del mismo. En primer lugar, la Sen-

---

64. Cfr. Fundamento de Derecho séptimo, párrafo segundo.
65. *Ibidem.*
66. Cfr. Fundamento de Derecho noveno.
67. Véase Jesús MARTÍNEZ GIRÓN, «La negociación colectiva "extraestatutaria"», cit., págs. 89 y ss.

tencia número 58/1985, de 30 abril[68], en la que se afirma —relativizando la trascendencia del Título III del Estatuto de los Trabajadores— que «el mandato que el artículo 37.1 de la Constitución formula a la Ley de garantizar "la fuerza vinculante de los Convenios" no significa que esta fuerza venga atribuida *ex lege*»[69], pues «la facultad que poseen "los representantes de los trabajadores y empresarios" (artículo 37.1 de la CE) de regular sus intereses recíprocos mediante la negociación colectiva es una facultad no derivada de la Ley, sino propia que encuentra su expresión jurídica en el texto constitucional»[70]. En segundo lugar, la Sentencia número 98/1985, de 29 julio[71], en la que —teorizando sobre la «negociación [colectiva] común de eficacia limitada»— se afirma que «cuando los recurrentes aducen que no se desarrolla esta negociación y entienden que la existencia y regulación de la negociación de eficacia general impide aquélla, vienen a cuestionar la opción legal (no excluyente) por la eficacia general»[72], pero «esta opción ha sido, sin embargo, declarada legítima y adecuada al texto constitucional por este Tribunal»[73]. Ambas resoluciones prepararon el camino para que luego acabase dictándose la Sentencia del Tribunal Constitucional número 108/1989, que antes calificaba de crucial en materia de negociación colectiva extraestatutaria ordinaria[74]. Y la jurisprudencia de este trío de Sentencias constitucionales —jurisprudencia apremiante, a la hora de interpretar el tenor del artículo 37, apartado 1, de la Constitución— explica que la Sala de lo Social del Tribunal Supremo, explicitando que el Título III del Estatuto de los Trabajadores no agota el contenido de dicho precepto constitucional, acabase reconociendo que la existencia de los convenios colectivos extraesta-

---

68. *Boletín Oficial del Estado* de 5 junio 1985.
69. Cfr. Fundamento Jurídico tercero, párrafo segundo.
70. *Ibidem.*
71. *Boletín Oficial del Estado* de 14 agosto 1985.
72. Cfr. Fundamento Jurídico tercero, párrafo tercero.
73. *Ibidem.*
74. Véase *supra*, número **2**.

tutarios ordinarios «estaba implícita en el texto del ET, al referirse en el artículo 82.3, a los convenios colectivos *regulados por esta Ley* ..., expresión que supone reconocer la existencia de convenios colectivos no regulados en el [Título III del] Estatuto»[75].

10. Supuesta su eficacia normativa (bien limitada, bien general), el carácter de verdaderos convenios colectivos (no meros pactos individuales) que poseen los convenios colectivos extraestatutarios ordinarios lo evidencia el que también quepa hablar, respecto de los mismos, de que pueden poseer igualmente un verdadero contenido obligacional, a añadir a su incuestionable contenido normativo, como sucede en los convenios colectivos regulados por el Título III del Estatuto de los Trabajadores. La prueba de cargo aparece contenida en una Sentencia de la Sala de lo Social del Tribunal Supremo de 1 marzo 2001[76], fallada en casación ordinaria, en la que se afirma —a propósito de cierto convenio colectivo extraestatutario de eficacia limitada— que «no hay infracción del artículo 28.2 de la Constitución Española por el hecho de pactarse la paz social en ese Convenio extraestatutario»[77], pues «es cierto que en ningún precepto material en el ámbito del ordenamiento jurídico está previsto ese tipo de cláusulas en los Convenios extraestatutarios pero tampoco existe precepto que los prohíba, por lo cual, no hay razón alguna para negar su validez de acuerdo con el artículo 1257 del Código Civil; aparte de que su eficacia está limitada a las partes firmantes del mismo y en el

---

75.   Por todas, Sentencia de la Sala de lo Social del Tribunal Supremo de 30 noviembre 1998 (*Aranzadi Instituciones*, referencia RJ 1998/10047), fallada en casación para la unificación de doctrina.

76.   *Aranzadi Instituciones*, referencia RJ 2001/2829. La jaleó, en su día, Alberto ARUFE VARELA, «Un supuesto típico de sucesión, por convenio colectivo extraestatutario, de un convenio colectivo estatutario denunciado y vencido», cit., págs. 629 y ss.

77.   Cfr. Fundamento de Derecho sexto.

tiempo, vinculando sólo en cuanto a las materias acordadas»[78]. No hace falta decir que este pronunciamiento jurisprudencial hubiese resultado jurídicamente imposible, si es que pretendiese sostenerse que los convenios colectivos extraestatutarios ordinarios no son auténticos convenios colectivos [encajables en el tenor del artículo 3, apartado 1, letra b), del Estatuto de los Trabajadores], sino meros contratos individuales de trabajo — como sostuvo la Sentencia de la Sala de lo Social del Tribunal Supremo antes mencionada, y que vengo criticando—, pues el Real Decreto-ley 17/1977, de 4 marzo, sobre relaciones de trabajo, imperativamente ordena que «son nulos los pactos establecidos *en contratos individuales de trabajo* [no en convenios colectivos, estatutarios o extraestatutarios] que contengan la renuncia o cualquier otra restricción al derecho de huelga»[79].

D) LA APLICACIÓN DEL ARTÍCULO 3, APARTADO 3, DEL ESTATUTO DE LOS TRABAJADORES A LOS CONFLICTOS DE CONCURRENCIA CONVENCIONAL EN QUE ESTÉN IMPLICADOS CONVENIOS COLECTIVOS EXTRAESTATUTARIOS ORDINARIOS

11. Despejado el encaje de los convenios colectivos extraestatutarios ordinarios en el tenor del artículo 3, apartado 1, letra b), del Estatuto de los Trabajadores, parece claro que la norma que permitirá resolver los conflictos de concurrencia en que

---

78. *Ibidem.*
79. Artículo 2. Como se sabe, la Sentencia del Tribunal Constitucional 11/1981, de 8 abril (*Boletín Oficial del Estado* de 25 abril 1981) declaró, en cambio, perfectamente constitucional el tenor del artículo 8, apartado 1, del propio Real Decreto-ley 17/1977, «porque la renuncia es siempre un acto definitivo e irrevocable y la llamada "renuncia" del apartado 1 del artículo 8 es sólo temporal y transitoria (durante la vigencia del convenio colectivo) y no afecta al derecho en sí mismo, sino sólo a su ejercicio, de manera que no hay extinción del derecho, sino compromiso de no ejercitarlo, que entraña una pura obligación, que puede incumplirse arrostrando las consecuencias del incumplimiento» (cfr. Fundamento Jurídico decimocuarto).

puedan verse implicados tales convenios deberá hallarse en el apartado 3 del propio precepto, a cuyo tenor «los conflictos originados entre los preceptos de dos o más normas laborales, tanto estatales *como pactadas*, que deberán respetar en todo caso los mínimos de derecho necesario, se resolverán mediante la aplicación de lo más favorable para el trabajador apreciado en su conjunto, y en cómputo anual, respecto de los conceptos cuantificables». Sobre el tema, la doctrina científica laboralista es inequívoca, afirmando a este respecto —con realismo— que «en el supuesto de concurrencia conflictiva entre convenios estatutarios y extraestatutarios, el principio de norma más favorable contenido en el artículo 3.3 ET —aplicado al unísono con el de norma mínima, imbricado éste, a su vez, con el principio de jerarquía normativa—parece ser el criterio más apropiado que podría aplicarse para resolver tal conflicto»[80], y concluyendo que «las condiciones más favorables que establece el convenio colectivo extraestatutario no son "condiciones más beneficiosas" adquiridas *ad personam* [como las pactadas por el trabajador con el empresario a título meramente individual]..., pues ... las previsiones contenidas en el convenio colectivo extraestatutario son de Derecho objetivo [por causa de la evidente eficacia normativa que poseen, bien limitada, bien general], susceptibles de venir modificadas o derogadas total o parcialmente bien por otro convenio colectivo extraestatutario posterior que viene a sustituirlo, bien por un convenio colectivo estatutario posterior negociado y acordado con la participación y anuencia de los sujetos colectivos que tenían y tienen legitimación para negociar el referido convenio colectivo extraestatutario, siempre y cuando, obviamente, así lo acordasen»[81]. En lo que sigue, procederé a verificar esta conclusión doctrinal, distinguiendo dos supuestos de hecho distintos, de los cuales uno se refiere a la concurrencia entre conve-

---

80. Véase Andrés BEJARANO HERNÁNDEZ, «La aplicación de los principios de norma mínima y norma más favorable en caso de concurrencia entre un convenio colectivo estatutario y otro de carácter extraestatutario», cit., pág. 116.
81. *Ibidem*, pág. 118.

nio colectivo estatutario y convenio colectivo extraestatutario ordinario de eficacia general y a propósito de una materia concreta, mientras que el otro abordará la concurrencia entre convenio colectivo estatutario y convenio colectivo extraestatutario ordinario, pero de eficacia limitada y regulador de un conjunto amplio de materias susceptibles de ser negociadas en convenio colectivo, por parecerme supuestos de muy frecuente ocurrencia en la práctica convencional colectiva española.

12. El primer supuesto citado es el que con más frecuencia aparece reflejado en nuestra jurisprudencia laboral, así como el más tradicional en nuestro país, no cabiendo dudar de que el acuerdo de empresa sobre materia concreta (ordinariamente, sobre una mejora salarial) se impone sobre el convenio colectivo sectorial concurrente, dado que lo mejora, afirmando a este respecto la jurisprudencia que «estos acuerdos o pactos de empresa no van a ser, normalmente, auténticos convenios colectivos estatutarios»[82] —cabiendo «referir solamente, a efectos meramente ejemplificativos, la falta de ... los requisitos de remisión a la Autoridad laboral y posterior publicación oficial del mismo»[83]—, lo que no obsta su eficacia normativa «general en la mayoría de los casos»[84], siempre que «los mismos se hayan logrado con la conformidad de la mayoría de la representación [legal u ordinaria] de los trabajadores»[85]. La jurisprudencia laboral —sobre la base de la remisión efectuada por el artículo 41, apartado 6, del Estatuto de los Trabajadores al artículo 82, apartado 3, del propio Estatuto (literalmente, «la modificación de las condiciones de trabajo [por acuerdo o pacto de empresa] establecidas en los convenios colectivos regulados en el Título

---

82. Sentencia de la Sala de lo Social del Tribunal Superior de Justicia del País Vasco de 26 febrero 2004 (*Aranzadi Instituciones*, referencia AS 2004/553), Fundamento de Derecho tercero, párrafo cuarto.

83. *Ibidem*, párrafo séptimo.

84. *Ibidem*, párrafo quinto.

85. *Ibidem*. Más supuestos, en idéntica línea, comentados en Jesús MARTÍNEZ GIRÓN, «La negociación colectiva "extraestatutaria"», cit., pág. 85.

III deberá realizarse conforme a lo establecido en el artículo
82.3»)— registra incluso pactos o acuerdos de empresa regresivos, respecto de la regulación salarial contenida en el convenio
colectivo sectorial estatutario, como sucedió en el supuesto de
hecho enjuiciado por una Sentencia de la Sala de lo Social del
Tribunal Supremo de 11 mayo 2004[86], fallada en casación ordinaria, en la que se afirma todo lo siguiente: 1) que el citado
artículo 41, apartado 6, «es ... una norma especial de concurrencia de relaciones colectivas que, al permitir la modificación
de las disposiciones de los convenios colectivos del Título III
del Estatuto de los Trabajadores por acuerdos de empresa,
otorga a éstos preferencia aplicativa sobre aquéllos»[87] ; 2) que
«no hay duda de que ... el acuerdo colectivo ... negociado entre la dirección y el comité de empresa, en cuanto que contiene
diversas disposiciones sobre complementos salariales (plus de
nocturnidad, incentivos, plus de penosidad), afecta a la estructura salarial o "sistema de remuneración en la empresa"»[88]; y
3) que «aun en la hipótesis de que el tantas veces citado acuerdo de empresa haya introducido una modificación peyorativa
en el artículo 22 del convenio colectivo»[89] —que «es un convenio sectorial estatutario de los regulados en el Título III del
Estatuto de los Trabajadores»[90]— «tal modificación es lícita y
entra dentro de las competencia atribuidas a los sujetos de la
negociación colectiva a nivel de empresa»[91]. El legislador laboral tolera la existencia de este tipo de convenios colectivos
extraestatutarios ordinarios regresivos, pues permanece incólume en el apartado 3 del artículo 82 la expresión «sistema de
remuneración y cuantía salarial», a pesar del hecho de haberse
modificado en 2021 el tenor del artículo 84 del Estatuto de los
Trabajadores, suprimiendo la expresión «la cuantía del salario

---

86.   *Aranzadi Instituciones*, referencia RJ 2004/5157.
87.   Cfr. Fundamento de Derecho cuarto, párrafo segundo.
88.   *Ibidem*, párrafo tercero
89.   *Ibidem*, párrafo cuarto.
90.   *Ibidem*, párrafo tercero.
91.   *Ibidem*, párrafo cuarto.

y base y de los complementos salariales» (introducida por la reforma laboral de 2012), aunque ya se indicó en su momento que este artículo 84 resulta inaplicable a los conflictos de concurrencia en que se vea implicado un convenio colectivo extraestatutario ordinario.

13. Por su parte, el segundo supuesto (relativo, recuérdese, a la concurrencia entre un convenio colectivo sectorial estatutario y otro sectorial extraestatutario ordinario, poseyendo este último eficacia normativa limitada) es el que resultó enjuiciado en la crucial (y ya tantas veces citada) Sentencia del Tribunal Constitucional número 108/1989, pareciéndome sugestivo el análisis de la misma realizado por uno de los dos co-directores de mi trabajo, al hilo de lo que denomina «derogación» del convenio colectivo estatutario denunciado y vencido por el convenio colectivo extraestatutario[92], en los siguientes términos: 1) desde un punto de vista personal o subjetivo, se trata de una «derogación» parcial, puesto que sólo se produce respecto de los empresarios y trabajadores afiliados a los sujetos colectivos firmantes del convenio colectivo estraestatutario concurrente con el convenio estatutario; 2) desde un punto de vista material u objetivo, se trata de una «derogación» en bloque o total, dado que a lo empresarios y trabajadores cubiertos por el convenio colectivo sectorial extraestatutario «derogante» sólo se les aplica este último convenio colectivo, pero no el convenio colectivo estatutario sectorial «derogado»; y 3) desde un punto de vista temporal, se trata usualmente —como ocurrió en el supuesto de hecho enjuiciado por dicha Sentencia del Tribunal Constitucional— de una «derogación» provisional, aunque quepa resaltar aquí el importante matiz de que el convenio colectivo estatutario denunciado y vencido —que seguirá aplicándose a los trabajadores y empresarios no afiliados a los sujetos colectivos pactantes del convenio colectivo extraestatutario—

---

92.   Véase Alberto ARUFE VARELA, *La denuncia del convenio colectivo*, cit., págs. 210 y ss.

resultará irrecuperable para los trabajadores y empresarios cubiertos por el convenio extraestatutario, precisamente porque para ellos ha sido derogado (esto último, como efecto reflejo de la regla de Teoría General del Derecho, relativa a que «por la simple derogación de una ley no recobran vigencia las que ésta hubiere derogado»)[93].

E) LA CASUÍSTICA JUDICIAL ESPAÑOLA SOBRE CONFLICTOS DE CONCURRENCIA CONVENCIONAL EXISTENTES ÚNICAMENTE ENTRE CONVENIOS COLECTIVOS EXTRAESTATUTARIOS ORDINARIOS

14. La vigencia simultánea en el tiempo de dos o más convenios colectivos extraestatutarios ordinarios, aplicables en idéntico ámbito funcional (por ejemplo, la misma empresa, lo que provocaría situaciones de verdadera concurrencia de los mismos) es un supuesto de hecho de ocurrencia infrecuente en España, si tenemos en cuenta la realidad social tal y como aparece tamizada por la jurisprudencia. En efecto, lo más frecuente es la sucesión de convenios colectivos extraestatutarios ordinarios, pero no su vigencia simultánea, cabiendo aducir a este respecto múltiples resoluciones judiciales laborales, aunque me ha parecido especialmente significativo el supuesto de hecho que aparece enjuiciado en una Sentencia de la Sala de lo Social del Tribunal Supremo de 14 mayo 2013[94], fallada en casación ordinaria, por causa del increíble número de Sentencias de la propia Sala que cita sobre el tema de la negociación colectiva extraestatutaria. Lo que inobjetablemente se concluye en esta Sentencia —sobre la base de constar probado que «con fecha 30 de diciembre de 2010 la empresa comunicó a la representación de los trabajadores que finalizada la vigencia prorrogada en dos ocasiones del acuerdo de noviembre de 2004 de-

---

93. Cfr. artículo 2, apartado 2, inciso tercero, del Código Civil.
94. *Aranzadi Instituciones*, referencia RJ 2013/6080.

cidía prorrogarlo seis meses más transcurridos los cuales aplicaría el sistema propuesto y no aceptado [por los representantes legales de los trabajadores] de medición real de la productividad»[95]— es, de un lado, que «los pactos cuestionados, alcanzados en años sucesivos, entre la empresa y la representación de los trabajadores han venido complementando o precisando lo establecido en los sucesivos convenios colectivos estatutarios de aplicación, pero no constituyen, lo que asumen las partes, un verdadero convenio colectivos, sino pactos incluibles entre los denominados extraestatutarios»[96]; y de otro lado, que «los sucesivos pactos tienen una concreta vigencia temporal expresamente pactada, y por su naturaleza extraestatutaria no cabe entenderlos sometidos a "ultra actividad" y no generan condiciones más beneficiosas en los términos del artículo 41 ET»[97].

15. Ahora bien, frente a este tipo de casos, el supuesto de hecho enjuiciado por una Sentencia de la Sala de lo Social del Tribunal Supremo de 19 julio 1996[98], asimismo fallada en casación ordinaria[99], presenta un interés máximo —a mis concretos efectos—, pues se refiere a la coexistencia en la misma empresa de dos convenios colectivos extraestatutarios ordinarios, ambos de eficacia limitada, lo que constituye precisamente el supuesto de hecho a que más frecuentemente debe enfrentarse un gestor jurídico de relaciones humanas actuante en una empresa portuguesa. Los dos convenios extraestatutarios, estipulados ambos en el seno de cierta empresa bancaria, se referían a la acumulación del crédito horario otorgado a los

---

95. Cfr. Fundamento de Derecho primero, apartado 2.
96. Cfr. Fundamento de Derecho tercero, apartado 2.
97. *Ibidem*.
98. *Aranzadi Instituciones*, referencia RJ 1996/6367.
99. Sobre ella, véase Jordi GARCÍA VIÑA, «Los convenios colectivos extraestatutarios. Régimen jurídico y relación con los convenios colectivos estatutarios», *Tribuna Social. Revista de Seguridad Social y Laboral*, número 118 (2000), pág. 21.

representantes de los trabajadores por el artículo 68, letra e), del Estatuto de los Trabajadores (literalmente, «podrá pactarse *en convenio colectivo* la acumulación de horas ...»), aclarando al respecto la Sentencia, de un lado, que «la remisión que tal norma efectúa al convenio colectivo no ha de ser entendida con referencia tan sólo al concertado con valor estatutario, pues también incluye al pactado extraestatutariamente, aun cuando sus efectos en tal punto queden limitados al ámbito subjetivo que le es propio»[100]; y de otro lado, que «conclusión contraria perjudicaría la idea de adaptabilidad especialmente atendible en materias donde alcanzan especial relevancia las circunstancias concurrentes en el ámbito representativo dentro de cada empresa»[101]. Esto despejado, la Sentencia declaró que podían coexistir simultánea dos convenios extraestatutarios sobre dicho tema, al haber sido estipulados por el empresario con sindicatos diferentes y porque, consecuentemente, se trataba de convenios colectivos extraestatutarios que tenían un ámbito personal diferente, aunque uno de ellos fuese en el tiempo posterior al otro. El primero en el tiempo, estipulado por UGT, se remontaba a 1986, concluyendo la Sentencia que «se trata de un pacto colectivo de eficacia limitada, en tanto que fue negociado sin atenerse a las exigencias que impone, para los que regula, el Título III del Estatuto de los Trabajadores»[102]. Por su parte, el segundo pacto fue «concertado el 24 enero 1995 por BANCAJA y por las secciones sindicales de CSI-CSIF y SATE», pretendiendo las dos partes signatarias del mismo la declaración de que «regula con carácter general el régimen de acumulación de créditos horarios, privando de eficacia al establecido en 1986 [con UGT], en tanto que tal pacto tiene valor estatutario y consiguiente eficacia "erga omnes"»[103]. Esta pretensión fue, sin embargo, rechazada por la Sentencia. El rechazo —que provocaba la coexistencia

---

100. Cfr. Fundamento de Derecho tercero, apartado 2, letra b).
101. *Ibidem*.
102. *Ibidem*, letra a).
103. Cfr. Fundamento de Derecho cuarto, apartado 2.

simultánea en el tiempo de ambos convenios colectivos extraestatutarios ordinarios— obedecía, de un lado, al hecho de que había que «tener en cuenta que un pacto colectivo posterior, relativo a la acumulación de [créditos] horarios, no perjudica la eficacia de otro anterior sobre la misma materia que hubiera sido negociado por representación sindical distinta y, consiguientemente, con proyección subjetiva diferente»[104]; y de otro lado, a que «carece de soporte fáctico la tesis mantenida por la parte [empresarial] recurrente con respecto a la naturaleza que cuadra al pacto de 1995, pues en la ya inalterada versión judicial de los hechos no figura el número de representantes unitarios existentes en BANCAJA ni la procedencia sindical de los mismos»[105].

16. Como se ve, ambos convenios colectivos extraestatutarios ordinarios no regulaban verdaderas condiciones de trabajo y empleo aplicables a los trabajadores ordinarios de la empresa litigante, sino más bien lo que el texto refundido de la Ley de Infracciones y Sanciones en el Orden Social, aprobado por Real Decreto Legislativo 5/2000, denomina «transgresión de las cláusulas normativas *sobre materia sindical* establecidas en los convenios colectivos»[106], en cuanto que conceptualmente distintas de los tres siguientes tipos de cláusulas convencionales, aplicables ya a los trabajadores ordinarios, a saber: 1) las «cláusulas normativas de los convenios colectivos en materia de relaciones laborales, tanto individuales como colectivas»[107]; 2) las «cláusulas normativas de los convenios colectivos en materia de seguridad y salud en el trabajo sujetas a responsabilidad conforme a esta Ley»[108]; y 3) respecto de los derechos de implicación de los trabajadores en las sociedades europeas, las «cláusulas normativas de los convenios colectivos que complementan

---

104. *Ibidem*, apartado 3.
105. *Ibidem*.
106. Cfr. su artículo 8, apartado 8.
107. Cfr. su artículo 5, apartado 1.
108. *Ibidem*, apartado 2.

los derechos reconocidos en las mismas, tipificadas y sancionadas de conformidad con esta Ley»[109]. Al efecto de hallar nuevos posibles supuestos de concurrencia entre convenios colectivos extraestatutarios, que resulten homologables a los que cabe encontrar en la realidad jurídico laboral portuguesa, creo que resulta imprescindible seguir profundizando en la temática de la negociación colectiva extraestatutaria. Es lo que me propongo abordar en la tercera y última parte de mi trabajo doctoral, a examinar seguidamente. En ella, como se verá, cobrarán pleno sentido las continuas y deliberadas referencias que he venido realizando en esta otra parte de la misma a los convenios colectivos extraestatutarios «ordinarios», pues —como inmediatamente comprobaremos— existen en España convenios colectivos extraestatutarios distintos de los usualmente estudiados por nuestra doctrina científica laboralista, y que me he atrevido a calificar —para poner de relieve toda su singularidad— como convenios colectivos extraestatutarios «extraordinarios».

---

109. *Ibidem*, apartado 3.

PARTE TERCERA

LOS CONVENIOS COLECTIVOS VERBALES CONCURRENTES ESPAÑOLES (EXTRAESTATUTARIOS EXTRAORDINARIOS) Y PORTUGUESES, TERCER VÉRTICE DE LA COMPARACIÓN A REALIZAR

1. El tercer vértice de mi metafórico triángulo, con el que se cierra la comparación jurídica «diédrica» que me propuse realizar entre los ordenamientos laborales colectivos de España y Portugal, implica realizar un viaje de vuelta del primero al segundo (el de ida lo realicé en la Parte Segunda de este trabajo doctoral, ciñendo la comparación jurídica a realizar sobre la regulación de la concurrencia de convenios colectivos entre el Código portugués del Trabajo de 2009 y los que allí denominaba convenios colectivos extraestatutarios «ordinarios» españoles), teniendo en cuenta que ahora me interesará concretar aún más el objeto a comparar, refiriéndolo sólo a una concreta especie del género representado por los convenios colectivos extraestatutarios españoles, que son los que me atrevo a denominar convenios colectivos extraestatutarios «extraordinarios», aclarando ya que este aparentemente exagerado calificativo se justifica por causa de referirse a los convenios colectivos verbales, de imposible encaje legal en el Título III del Estatuto de los Trabajadores. Con sólo observar el nuevo término de comparación español, cabría afirmar que la originalidad del empeño que me propongo tratar permanece incólume, pues sólo existe una trabajo doctrinal sobre el mismo en nuestra doctrina científica laboralista (publicado precisamente en 2009, por uno de los dos co-directores de mi trabajo)[1], que aparentemente carece de impacto doctrinal entre nosotros (lo prueba el hecho de que manuales recientes de la disciplina acompañados de sus correspondientes elencos de bibliografía puestos al día, como los de MARTÍN VALVERDE y GARCÍA MURCIA o el de MONTO-YA MELGAR, no lo mencionen)[2], aunque sí impactase frontalmente en un breve escrito científico posterior (en realidad, un comentario a una Sentencia de suplicación, aunque bien importante), cuyo autor es discípulo del co-director citado de mi trabajo doctoral[3]. En lo esencial, mi empeño consistirá en poner de relieve que las conclusiones del trabajo doctrinal en cuestión de 2009 vienen siendo avaladas de manera constante por doctrina judicial laboral posterior al mismo (que permite, como comprobaremos en su momento, resolver problemas de concurrencia en que los convenios colectivos extraestatutarios «extraordinarios» se ven implicados)[4], para apostar luego (con el propósito de afianzar la imperativa originalidad de cuanto escribo, al tratarse de un trabajo doctoral) por el trasplante de estas conclusiones doctrinales judicialmente validadas al ordenamiento laboral portugués, a pesar de la inexistencia en Portugal de doctrina científica y jurisprudencia relativa al asunto

---

1. Véase Alberto ARUFE VARELA, «El convenio colectivo verbal. Comentario histórico, sistemático y posibilista del artículo 90.1 del Estatuto de los Trabajadores», *Revista Española de Derecho del Trabajo*, número 142 (2009), págs. 411 y ss.

2. Véase Antonio MARTÍN VALVERDE y JOAQUÍN GARCÍA MURCIA, *Derecho del Trabajo*, 33ª ed., Tecnos (Madrid, 2024), págs. 363 y ss.; y Alfredo MONTOYA MELGAR, *Derecho del Trabajo*, 45ª ed. [revisada y puesta al día por Antonio V. SEMPERE NAVARRO], Tecnos (Madrid, 2024), págs. 390 y ss.

3. Véase Iván VIZCAÍNO RAMOS, «¿Puede ser válido y jurídicamente eficaz un acuerdo colectivo "verbal" de empresa?», en el volumen *El futuro del trabajo: Cien años de la OIT. XXIX Congreso Anual de la Asociación Española de Derecho del Trabajo y de la Seguridad Social*, Ministerio de Trabajo, Migraciones y Seguridad Social (Madrid, 2019), págs. 1681 y ss.

4. *Infra*, especialmente, números **11**, **12** y **13**.

(que tiene, como asimismo comprobaremos en su momento, una importancia capital para los gestores jurídicos portugueses de recursos humanos en las empresas)[5].

A) LA EXÉGESIS DEL ARTÍCULO 90, APARTADO 1, DEL ESTATUTO DE LOS TRABAJADORES, COMO PUNTO DE PARTIDA

2. Como se sabe, el apartado 1 del artículo 90 del Estatuto de los Trabajadores (cuyo tenor permanece inalterado, desde la promulgación de la primera versión del Estatuto de los Trabajadores, hace ahora veinticuatro años, habiéndose tramitado parlamentariamente sin la ocurrencia de algo que resultase jurídicamente relevante) se compone de sólo dieciocho palabras, a dividir en dos porciones (la primera, relativa a «los convenios colectivos a que se refiere esta ley...»; y la segunda, a que «han de formalizarse por escrito, bajo sanción de nulidad»). Como puso de relieve en su día ARUFE VARELA, de entre esas dieciocho palabras las verdaderamente capitales son seis («... a que se refiere esta ley...»), concordantes con pequeñas variantes con las contenidas en algún otro precepto del propio Título III del Estatuto de los Trabajadores (por ejemplo, «los convenios colectivos *regulados por esta ley*...», de su artículo 82)[6], las cuales permiten concluir —más allá de la existencia de los convenios colectivos extraestatutarios «ordinarios»— que puede caber la existencia de convenios colectivos extraestatutarios «extraordinarios», que escaparían —a pesar de su nuda verbalidad— a la sanción de nulidad aparejada por el precepto en cuestión a la inobservancia de la exigencia de forma escrita. Mi co-director traía a colación en su día diversas exégesis doctrinales del precepto en cuestión[7], aunque de entre ellas creo que

---

5. *Infra*, números **14**, **15** y **16**.
6. Apartado 1.
7. Véase Alberto ARUFE VARELA, «El convenio colectivo verbal. Comentario histórico, sistemático y posibilista del artículo 90.1 del Estatuto de los Tra-

sólo merece ser recordada ahora —por revelar indecible prudencia jurídica— la efectuada en 1980 por ALONSO OLEA[8], muy breve, relativa a todo lo siguiente: 1) «forma, pues, escrita *ad solemnitatem* del convenio colectivo»[9]; 2) «lo normal será que el acta final de la comisión negociadora recoja sistemáticamente y ordenadamente los acuerdos que se han ido obteniendo a lo largo de la deliberación; éste es el convenio que deben firmar las partes»[10]; y 3) ahora viene lo importante, «forma escrita *ad solemnitatem* de "los convenios a que se refiere esta ley"»[11], acompañando inmediatamente a continuación de este recordatorio la cuestión de «si puede existir otro tipo de convenio colectivo …, aunque sin haberse ajustado a los requisitos, tramitación y formalidades "de esta Ley"»[12]. Como es lógico, la exégesis de este precepto no se agota trayendo a colación otros distintos del propio Título III del Estatuto de los Trabajadores. También debe extenderse al desarrollo reglamentario del precepto en cuestión, contenido en un reglamento que no puede pasar inadvertido, siempre a mis concretos efectos.

3. Se trata del reglamento sobre el registro y depósito de convenios y acuerdos colectivos de trabajo, aprobado por Real Decreto 713/2010, de 28 mayo, promulgado un año después de haberse publicado el trabajo doctrinal de ARUFE VARELA a que vengo refiriéndome. A mis concretos efectos, su precepto clave es la disposición adicional segunda (rotulada «Depósito de convenios y acuerdos de eficacia limitada y acuerdos de empresa»), a cuyo tenor «cuando se solicite el depósito de convenios o acuerdos colectivos de eficacia limitada o acuerdos de empresa no incluidos en el artículo 2.1.h) de este Real Decreto en los

---

bajadores», cit., pág. 414.

8.   Véase Manuel ALONSO OLEA, *El Estatuto de los Trabajadores. Texto y comentario breve*, Civitas (Madrid, 1980).

9.   *Ibidem*, pág. 281.

10.   *Ibidem*, págs. 281-282.

11.   *Ibidem*, pág. 282.

12.   *Ibidem*.

registros de las autoridades laborales, deberá remitirse por medios electrónicos el texto del mismo, así como cumplimentar los datos estadísticos e identificativos que figuran en los anexos 1 y 2»[13]. La inutilidad del precepto en relación con el convenio colectivo verbal es evidente (habla, recuérdese, de remitir «el texto» del convenio, aun de eficacia limitada, lo que presupone la existencia de un convenio colectivo escrito), habiendo ratificado esta inutilidad una importante Sentencia de suplicación, que paso a comentar ahora mismo. Es la Sentencia de la Sala de lo Social del Tribunal Superior de Justicia del País Vasco de 14 octubre 2014[14], en la que se considera probado, de un lado, que «es *costumbre en la empresa la existencia de acuerdos colectivos verbales* alcanzados entre la empresa y los representantes legales de los trabajadores, que se mantienen y cumplen en el tiempo, por ejemplo, disfrute de apartamento en Málaga, normas de disfrute del mismo, el uso de 20 plazas de aparcamiento, el importe de la cesta de Navidad que se abona anualmente en abril por importe de 500 euros, el aguinaldo de Navidad que asciende a algo más de 200 euros, categorías y salarios»[15]; y de otro lado, que «los acuerdos se formalizan por escrito cuando se mejora el convenio colectivo sectorial, por ejemplo, el relativo a las horas a realizar en cómputo anual, el seguro, que es superior, y desde el año 2002, *no ha habido conflicto en la empresa para la aplicación de los acuerdos alcanzados tanto verbales como escritos*»[16]. Son afirmaciones dotadas de un altísimo valor doctrinal (por desvelar lo que era «costumbre» en la empresa de autos, potencialmente existente en otras muchas empresas españolas), aunque —a mis concretos efectos, relativos a la interpretación sistemática del apartado 1 del artículo 90 del Estatuto de los Trabajadores— lo que me interesa ahora es poner de relieve la inutilidad del registro creado por el Real Decreto 713/2010, siempre en relación con

---

13. Inciso primero.
14. *Aranzadi Instituciones*, referencia JUR 2015/15121.
15. Cfr. Antecedente de Hecho primero, apartado cuarto, párrafo primero.
16. *Ibidem*, párrafo segundo.

los convenios colectivos «de eficacia limitada» a que se refería, pues lo que confirmó esta Sentencia es la carencia de efectos jurídicos de un concreto pacto de empresa sobre jubilación parcial, al no haberse registrado no en el registro general en cuestión (que ni siquiera mencionaba), sino en cierto registro especial, creado a instancia del INSS y regulado por Orden/ TIN/1827/2010[17], de 6 julio, por la que se desarrolla, en relación con los acuerdos colectivos de empresa sobre jubilación parcial, lo dispuesto en la disposición transitoria segunda del Real Decreto-ley 8/2010, de 20 mayo, por el que se adoptan medidas extraordinarias para la reducción del déficit público[18].

4. Al igual que ponía de relieve ARUFE VARELA en su tan citada obra doctrinal de 2009, la interpretación sistemática de lo dispuesto en el apartado 1 del artículo 90 del Estatuto de los Trabajadores exige igualmente conectar su tenor con el de la legislación procesal laboral, ahora contenida —siempre a mis concretos efectos— en la Ley 36/2011, Reguladora de la Jurisdicción Social, allí donde afirma, de un lado, que los tribunales laborales son competentes en los pleitos «sobre impugnación de convenios colectivos y acuerdos, cualquiera que sea su eficacia»[19]; y de otro lado, que cabe tramitar a través del proceso de conflictos colectivos las demandas «que versen sobre la aplicación e interpretación de una norma estatal, convenio co-

---

17. *Boletín Oficial del Estado* de 8 julio 2010.

18. Cfr. Fundamentos de Derecho primero y segundo de la Sentencia. Esta doctrina ya había sido establecida por una Sentencia de la Sala de lo Social del Tribunal Superior de Justicia del País Vasco de 17 diciembre 2013 (*Aranzadi Instituciones*, referencia JUR 2014/137231).

19. Cfr. artículo 2, letra h). Al respecto, véase el comentario correspondiente en José Ángel FOLGUERA CRESPO, Fernando SALINAS MOLINA y María Luisa SEGOVIANO ASTABURUAGA, *Comentarios a la Ley Reguladora de la Jurisdicción Social*, 3ª ed., Thomson Reuters-Lex Nova (Valladolid, 2012), pág. 31; y en Jesús R. MERCADER UGUINA (Director) y Ana DE LA PUEBLA PINILLA y Francisco Javier GÓMEZ ABELLEIRA (Coordinadores), *Ley reguladora de la jurisdicción social comentada con jurisprudencia*, La Ley (Madrid, 2015), pág. 23.

lectivo, cualquiera que sea su eficacia, pactos o acuerdos de empresa, o de una decisión empresarial de carácter colectivo ..., o de una práctica de empresa»[20]. Se trata de un tema crucial, pues tiene que canalizarse jurisdiccionalmente de algún modo la litigiosidad laboral existente en España sobre los convenios colectivos verbales. Al respecto, la jurisprudencia laboral viene confirmando sistemáticamente hasta el año 2024 la afirmación realizada en su día por ARUFE VARELA, acerca de que la «muestra» de sentencias laborales sobre convenios colectivos verbales, que manejaba, «revela que los convenios colectivos de esta clase resultan relevantes como elemento decisorio del pleito en procesos laborales ordinarios y en procesos laborales especiales, contándose entre estos últimos los más importantes y significativos, referentes al Derecho individual del Trabajo (por ejemplo, despidos) y al Derecho colectivo del Trabajo (por ejemplo, tutela de la libertad sindical y conflictos colectivos)»[21], aunque matizando que «de entre todas estas vías procesales, las que me parecen de más enjundia jurídica para calibrar toda la flexibilidad —pero también toda la problematicidad— del fenómeno son justamente estas últimas»[22], apuntando yo ahora —con carácter complementario y ratificador de dicha autorizada opinión doctrinal— que la expansión procesal de las vías procesales laborales de acceso de los convenios colectivos verbales la viene confirmando pacíficamente nuestra jurisprudencia laboral (en el caso antes citado por mí y resuelto por la Sala

---

20.   Cfr. artículo 153, apartado 1. Al respecto, véase el comentario correspondiente en José Ángel FOLGUERA CRESPO, Fernando SALINAS MOLINA y María Luisa SEGOVIANO ASTABURUAGA, *Comentarios a la Ley Reguladora de la Jurisdicción Social*, 3ª ed., cit., pág. 627; y en Jesús R. MERCADER UGUINA (Director) y Ana DE LA PUEBLA PINILLA y Francisco Javier GÓMEZ ABELLEIRA (Coordinadores), *Ley reguladora de la jurisdicción social comentada con jurisprudencia*, cit., pág. 978.
21.   Véase Alberto ARUFE VARELA, «El convenio colectivo verbal. Comentario histórico, sistemático y posibilista del artículo 90.1 del Estatuto de los Trabajadores», cit., pág. 420.
22.   *Ibidem*.

de lo Social del Tribunal Superior de Justicia del País Vasco[23], el asunto accedió al Juzgado de lo Social de instancia por la vía del proceso laboral especial de seguridad social).

B) LOS REGISTROS SOBRE CONVENIOS COLECTIVOS VERBALES EN LA DOCTRINA JUDICIAL ESPAÑOLA

5. A la vista del generalizado silencio doctrinal existente en España sobre el tema de los convenios colectivos verbales, no queda más remedio que seguir utilizando las pautas metodológicas seguidas en su día por ARUFE VARELA, al efecto de realizar un tratamiento científico del tema en cuestión, que obliga a tener en cuenta los datos registrados sobre el mismo por las fuentes de conocimiento jurisprudenciales. Prescindiendo de jurisprudencia muy antigua (que la hay y que nuestro autor analiza, como es el caso de una vieja Sentencia de la Sala de lo Civil del Tribunal Supremo de 1931, relativa a un convenio colectivo verbal pactado con un comité de huelga de aquella lejana época)[24], dichas pautas metodológicas se reconducían a las siguientes: 1) «buscando única y exclusivamente la existencia de "acuerdo verbal", y teniendo en cuenta —eso sí— que sólo me interesaban los acuerdos de ese tipo de naturaleza indubitadamente colectiva —no cabiendo dudar de esta última naturaleza si, por ejemplo, el acuerdo verbal en cuestión había sido estipulado por el empresario y los representantes legales de los trabajadores—, resulta que desde la promulgación de nuestra sexta Ley de Procedimiento Laboral en el año 1990 ... cabe hallar, a pesar de los criterios de búsqueda tan estrictos, un conjunto homogéneo de al menos catorce sentencias laborales significativas sobre el tema»[25]; 2) «aparte su manejabili-

---

23.   Véase *supra*, número **3**.
24.   Al respecto, véase Alberto ARUFE VARELA, «El convenio colectivo verbal. Comentario histórico, sistemático y posibilista del artículo 90.1 del Estatuto de los Trabajadores», cit., pág. 418.
25.   *Ibidem*, págs. 416-417.

dad, había razones que me animaron a operar intensivamente con sólo las catorce sentencias de la "muestra", sociológicas algunas y, sobre todo, de orden jurídicas las demás»[26]; y 3) «entre las razones jurídicas, me parece capital la afirmación contenida en una Sentencia de la Sala de lo Social del Tribunal Superior de Justicia de Andalucía (Sevilla) de 2 diciembre 2004, acerca de la protección constitucional del fenómeno, pues —según ella— "hay que significar que ... los pactos extraestatutarios —verbales o escritos—, encuentran cobertura en la esfera de la libertad que reconoce el artículo 37.1 de la Constitución"»[27]. En mi concreto caso, he partido de dicha muestra (incorporando, eso sí, la interesantísima Sentencia de suplicación estudiada por VIZCAÍNO RAMOS en su momento)[28], aunque ampliándola hasta el momento presente, con la consecuencia de haber tenido que trabajar sobre una «muestra» ampliada, en la que creo que mercen ser destacadas dos Sentencias, una de ellas muy reciente, al evidenciar que el tema de los convenios colectivos verbales ha acabado accediendo, como resultaba razonable pronosticar, también a la jurisprudencia de la Sala de lo Social de nuestro Tribunal Supremo.

6. De esas dos Sentencias tan significativas, la primera en el tiempo es una Sentencia de la Sala de lo Social del Tribunal Supremo de 30 mayo 2018[29], relativa a un conflicto colectivo jurídico, lo que explica que fuese fallada en casación ordinaria. Según ella, no cabía dudar de la existencia de un convenio colectivo verbal estipulado en la empresa, afirmando al respecto —entre otras muchas cosas— todo lo siguiente: 1) «en au-

---

26.   *Ibidem*, pág. 417.
27.   *Ibidem*, pág. 418.
28.   Al respecto, véase Iván VIZCAÍNO RAMOS, «¿Puede ser válido y jurídicamente eficaz un acuerdo colectivo "verbal" de empresa?», cit., págs. 1687 y ss., analizando una Sentencia de la Sala de lo Social del Tribunal Superior de Justicia de Asturias de 29 junio 2018 (*Aranzadi Instituciones*, referencia AS 2018/2087).
29.   *Aranzadi Instituciones*, referencia RJ 2018/3032.

sencia de [CCOO] ..., las restantes partes negociadoras, es decir, la empresa, el sindicato UGT y el sindicato APLOC, por mayoría de los miembros de la mesa negociadora, llegaron a un preacuerdo sobre el texto definitivo del convenio y también, de palabra, respecto de otras cuestiones que no figurarían en el texto escrito del convenio colectivo»[30]; 2) «la fijación de estos beneficios fuera de convenio y mediante acuerdo verbal respondía al doble interés de la empresa [que era una empresa pública] de evitar la conflictividad laboral y a la vez respetar la necesidad de que figurara en el convenio que el incremento salarial sería nulo (0%)»[31]; y 3) «del segundo párrafo del primero de los fundamentos de derecho [de la sentencia recurrida] se desprende sin lugar a dudas que la sentencia valora la existencia de un acuerdo verbal alcanzado el 30 de octubre de 2014»[32]. Sobre esta base, la Sala de lo Social del Tribunal Supremo centró el tema, afirmando encontrarse en presencia de un conflicto de concurrencia entre convenios colectivos (literalmente, «la cuestión que se plantea es la de si como pretende la [empresa] demandada hoy recurrente debe prevalecer un acuerdo verbal alcanzado entre la empresa y los sindicatos que permanecieron en la Mesa Negociadora una vez producida la retirada de CCOO, sobre el texto escrito del Convenio Colectivo»)[33]. La clave del caso radicaba en el hecho de haber sido estipulado el convenio colectivo verbal no por la representación legal o unitaria de los trabajadores en la empresa, sino sólo por algunas de las representaciones sindicales en ella existentes, lo que explica que el Tribunal Supremo —sobre la base de existir «un acuerdo verbal que nadie niega»[34]— concluyese que «en orden a la afectación del convenio estatutario no cabe achacar ... vulneración de las normas interpretativas que la recurrente alega por cuanto en los preceptos invocados

---

30. Cfr. Fundamento de Derecho segundo.
31. *Ibidem.*
32. *Ibidem.*
33. Cfr. Fundamento de Derecho tercero.
34. *Ibidem.*

se alude a la "voluntad de las partes" y éstas no han sido las mismas en el convenio colectivo y en el pacto verbal»[35], de manera que «semejante realidad bastaría para que un pacto sin eficacia erga omnes, el segundo acuerdo, no pudiera prevalecer sobre el primero, pero es que además, hallándonos en presencia de un Convenio estatutario cobra relevancia la objeción ... "de [que] de ninguna manera puede aplicarse a la totalidad de la plantilla de la empresa ...[la regulación contenida en el pacto colectivo verbal]... que no consta conocida ni aceptada por el sindicato demandante, como integrante del convenio colectivo [estatutario], que para su validez requiere necesariamente la forma escrita»[36].

7. Frente a este conflicto de concurrencia —supuesto que había quedado acreditada la existencia de un convenio colectivo verbal de eficacia limitada, concurrente con otro estatutario—, la segunda Sentencia de la Sala de lo Social del Tribunal Supremo, enriquecedora de la «muestra» jurisprudencial a que antes me refería, además de muy reciente, se refiere frontalmente, en cambio, a la prueba de la existencia del convenio colectivo verbal alegado, al que también me referiré más en extenso dentro de un momento. Se trata de una Sentencia de 12 marzo 2024[37], asimismo fallada en casación ordinaria. Centraba el conflicto colectivo suscitado, indicando que «la cuestión a resolver es la decidir si el sindicato demandante tiene derecho a disfrutar del crédito sindical que reclama, por encima de lo que resultaría de la normativa legal aplicable»[38], teniendo en cuenta que «a tal efecto sostiene que existe un acuerdo verbal con la empresa pública demandada para el reconocimiento de un número de horas sindicales superior al que se desprende de las disposiciones legales en la materia»[39].

---

35.   *Ibidem.*
36.   *Ibidem.*
37.   *Aranzadi Instituciones*, referencia JUR 2024/97718.
38.   Cfr. Fundamento de Derecho primero, apartado 1.
39.   *Ibidem.*

Ahora bien, lo que falló fue que «la sentencia recurrida no niega que un posible acuerdo de naturaleza verbal pudiere ser vinculante para la empresa, sino que considera que no ha quedado acreditada la formalización de ningún pacto de tal carácter»[40]. Insistía, además, en que la revisión de hechos probados intentada por el sindicato recurrente resultaba jurídicamente infructuosa, pues la materializaba «invocando las manifestaciones expuestas por el representante del sindicato y de la empleadora en el acta de la reunión 2/2020 en la que ampara su pretensión»[41], sin que esta acta tuviera la eficacia revisora propia de los documentos, dado que las manifestaciones en cuestión debían «calificarse como una prueba testifical plasmada extrajudicialmente por escrito, que carece de cualquier eficacia para la revisión de los hechos probados»[42], prevaleciendo así —por imperativo legal— la conclusión de que «incurre ... el recurso en el vicio procesal de la llamada "petición de principio" o "hacer supuesto de la cuestión", que se produce cuando se parte de premisas fácticas distintas a las de la resolución recurrida .., dando por sentada la existencia de un acuerdo verbal que es negado en la sentencia recurrida, sin que se haya modificado el relato de hechos probados para entender acreditada su existencia»[43].

C) LA PRUEBA DE LA EXISTENCIA DE LOS CONVENIOS COLECTIVOS ESPAÑOLES VERBALES

8. De la Sentencia de la Sala de lo Social del Tribunal Supremo, tan reciente (y en mi opinión, de doctrina jurídicamente inobjetable, lo que explica que haya sido recientemente reite-

---

40.   Cfr. Fundamento de Derecho tercero, apartado 1.
41.   Cfr. Fundamento de Derecho segundo, apartado 1.
42.   *Ibidem.*
43.   Cfr. Fundamento de Derecho tercero, apartado 2.

rada en la doctrina de suplicación[44], creo que cabe extraer al menos tres conclusiones, que considero del más alto interés forense, todas a propósito de la prueba[45]. En primer lugar, la relativa a que la parte a quien interese echar mano de un convenio colectivo verbal supuestamente celebrado debe poner toda la carne en el asador —al efecto de probar la existencia del mismo— precisamente en la primera y única instancia jurisdiccional laboral, acogiéndose a todas las posibilidades existentes en ella de practicar prueba plena, pues en fase de recurso —al no existir nada parecido a las apelaciones civiles— se reducen drásticamente las posibilidades de enmendar los hechos declarados probados, los cuales quedan ceñidos a documentos (y en menor medida, pericias) que acrediten la equivocación evidente del juzgador[46]. En segundo lugar —sobre la

---

44. Al respecto, véase Sentencia de la Sala de lo Social de Las Palmas de Gran Canaria, del Tribunal Superior de Justicia de las Islas Canarias, de 25 mayo 2023 (*Aranzadi Instituciones*, referencia JUR 2023/312348), relativa a resultar «no acreditado acuerdo de devengo semestral, pues no existe pacto expresa, verbal ni tácito en la empresa o centro de trabajo» (cfr. Fundamento de Derecho tercero), pues la existencia de «este acuerdo [colectivo] verbal se viene a sustentar en prueba testifical, que no constituye un medio hábil en el seno del recurso de suplicación» (cfr. Fundamento de Derecho segundo), no procediendo consecuentemente «incluir en el relato de hechos probados el supuesto acuerdo [colectivo] verbal para el devengo semestral de las pagas con fundamento en los mismos medios de prueba que ya se [hicieron valer en la instancia]» (*ibidem*).

45. Sobre el tema, en procesos laborales, véanse los correspondientes comentarios a los artículos 90 y ss. de la Ley 36/2011, en José Ángel FOLGUERA CRESPO, Fernando SALINAS MOLINA y María Luisa SEGOVIANO ASTABURUAGA, *Comentarios a la Ley Reguladora de la Jurisdicción Social*, 3ª ed., cit., pág. 419; y en Jesús R. MERCADER UGUINA (Director) y Ana DE LA PUEBLA PINILLA y Francisco Javier GÓMEZ ABELLEIRA (Coordinadores), *Ley reguladora de la jurisdicción social comentada con jurisprudencia*, cit., pág. 621.

46. Cfr., para la suplicación, artículo 196, apartado 3, de la Ley 36/2011, Reguladora de la Jurisdicción Social; y para la casación ordinaria, artículo 207, letra d), de la propia Ley 36/2011. Al respecto, véanse los comentarios correspondientes en José Ángel FOLGUERA CRESPO, Fernando SALINAS MOLINA y María Luisa SEGOVIANO ASTABURUAGA, *Comentarios a la Ley Reguladora de la Jurisdicción Social*, 3ª ed., cit., pág. 831; y en Jesús R. MERCADER UGUINA (Director) y Ana DE LA PUEBLA PINILLA y Francisco Javier GÓMEZ ABELLEI-

base de que no cabe confundir prueba documental y prueba testifical, documentada o no—, la relativa a que la virtualidad de convicción de la prueba testifical puede incrementarse exponencialmente echando mano de mecanismos previstos en la Ley 36/2011, Reguladora de la Jurisdicción Social, especialmente allí donde afirma que «las partes, previa justificación de la utilidad y pertinencia de las diligencias propuestas, podrán servirse de cuantos medios de prueba se encuentren regulados en la Ley para acreditar los hechos controvertidos o necesitados de prueba, *incluidos los procedimientos de reproducción de la palabra*, de la imagen y del sonido o de archivo y reproducción de datos, que deberán ser aportados por medio de soporte adecuado y poniendo a disposición del órgano jurisdiccional los medios necesarios para su reproducción y posterior constancia en autos»[47]. En tercer lugar, la relativa a la necesidad de distinguir entre un convenio colectivo verbal meramente celebrado y un convenio colectivo verbal cuya aplicación ya hubiese comenzado, pues en este segundo caso la prueba debería centrarse en la acreditación de *«facta concludentia»* relativos a dicha aplicación, dado que —como ocurre con la prueba de la costumbre— si hubiese existido dicha clase de hechos parece obvio que lo «verbal» se ha exteriorizado por medio de actos y, consecuentemente, que ha pasado a existir un convenio colectivo «tácito» —tema sobre el que tendré que volver más adelan-

---

RA (Coordinadores), *Ley reguladora de la jurisdicción social comentada con jurisprudencia*, cit., pág. 1247.

47. Artículo 90, apartado 1. Al respecto, véase el comentario correspondiente en José Ángel FOLGUERA CRESPO, Fernando SALINAS MOLINA y María Luisa SEGOVIANO ASTABURUAGA, *Comentarios a la Ley Reguladora de la Jurisdicción Social*, 3ª ed., cit., pág. 420; y en Jesús R. MERCADER UGUINA (Director) y Ana DE LA PUEBLA PINILLA y Francisco Javier GÓMEZ ABELLEIRA (Coordinadores), *Ley reguladora de la jurisdicción social comentada con jurisprudencia*, cit., pág. 622. También, de gran interés doctrinal, véase María de los Reyes MARTÍNEZ BARROSO y Diego MEGINO FERNÁNDEZ, «Telemática y pruebas procesales: Comentario a la Sentencia del Tribunal Superior de Justicia de Galicia de 3 de junio de 2020», *Revista de Trabajo y Seguridad Social. CEF*, número 452 (2020), págs. 212 y ss.

te—, de algún modo aludido en la Sentencia reciente de la Sala de lo Social del Tribunal Supremo, allí donde afirma la necesidad de probar en sentido estricto, yendo «más allá de una difusa práctica empresarial de contornos indefinidos que carece de cualquier eficacia jurídica»[48]. Como es lógico, la concreta doctrina científica laboralista a la que sigo también incide sobre este asunto crucial de la necesidad de probar en juicio la existencia de los convenios colectivos verbales.

9. Según ARUFE VARELA, la problemática procesal suscitada por los convenios colectivos verbales no sólo se ciñe a la prueba de su existencia, sino que también se extiende a la determinación o concreción de los términos, extremos, cláusulas y condiciones (o de los «detalles» de los mismos, siempre problemáticos, incluso en textos redactados por escrito, lo que obligará a echar mano de las reglas de la hermenéutica) en que el convenio colectivo en cuestión fue oralmente convenido, poniendo de relieve a este respecto —sobre la base de una Sentencia de suplicación incluida en la «muestra» jurisprudencial que maneja, relativa a cierto convenio colectivo verbal cuya existencia debía considerarse hecho no controvertido, desde un punto de vista procesal— todo lo siguiente: 1) que «el problema se plantea por el hecho de que el acuerdo entre sindicatos y empresa por el que se amplía el número de horas reconocido en el Convenio Colectivo [estatutario], se formalizó verbalmente, no existiendo constancia escrita del mismo, lo que impide conocer con certeza su real y efectivo contenido»[49]; 2) que «la imposibilidad de negar la existencia del convenio colectivo verbal —aun cuando sus términos literales resultase imposible probarlos documentalmente— forzó aquí a los tribu-

---

48. Cfr. Fundamento de Derecho tercero, apartado 1.
49. Al hilo de una Sentencia de la Sala de lo Social del Tribunal Superior de Justicia de Cataluña de 26 marzo 1996 (*Aranzadi Instituciones*, referencia AS 1996/1895), véase Alberto ARUFE VARELA, «El convenio colectivo verbal. Comentario histórico, sistemático y posibilista del artículo 90.1 del Estatuto de los Trabajadores», cit., págs. 421-422.

nales laborales a efectuar una interpretación integradora de su contenido, anclada en el dato de que "lo pactado en Convenio [escrito] debe igualmente resultar aplicable con carácter supletorio a las eventuales mejoras que puedan introducirse por ulteriores acuerdos [aquí verbales] entre los interesados, en todo aquello no contemplado expresamente en los mismos»[50]; y 3) que esta interpretación integradora —en mi opinión, con raíces de Derecho común, ancladas en el tenor del artículo 1285 del Código Civil, según el cual «las cláusulas de los contratos [también, de los contratos normativos] deberán interpretarse las unas por las otras, atribuyendo a las dudosas el sentido que resulte del conjunto de todas»— permitía concluir que «la conducta empresarial sistemáticamente denegatoria de la solicitud en base a unas genéricas e inespecíficas exigencias del servicio, atenta contra la libertad sindical en cuanto impide el adecuado ejercicio de la actividad de los sindicatos basada en un derecho reconocido en pacto [verbal] válidamente concertado [por los sindicatos] con la empresa»[51].

10. Por su parte, de acuerdo con VIZCAÍNO RAMOS, es evidente que la digitalización de la sociedad en que vivimos inmersos (en realidad, un tópico de moda en nuestra doctrina científica laboralista)[52] puede contribuir no sólo a facilitar en juicio la prueba de la existencia de los convenios colectivos verbales, sino también ayudar a concretar los términos o cláusulas de los convenios colectivos de ese modo acordados, no sólo en la empresa[53]. Lo pone de relieve, trayendo a colación

---

50. *Ibidem*, pág. 422.

51. *Ibidem*.

52. Véase Henar ÁLVAREZ CUESTA, «El impacto de la tecnología en las relaciones laborales: retos presentes y desafíos futuros», *Revista Justicia & Trabajo*, número 2 (2023), págs. 39 y ss.; y Alicia VILLALBA SÁNCHEZ, *El derecho a recibir información de la empresa para una transición laboral justa*, Aranzadi (Madrid, 2024), págs. 22 y ss.

53. Al respecto, véase Iván VIZCAÍNO RAMOS, «¿Puede ser válido y jurídicamente eficaz un acuerdo colectivo "verbal" de empresa?», cit., págs. 1687 y ss.

el pacto colectivo verbal enjuiciado por una Sentencia de la
Sala de lo Social del Tribunal Superior de Justicia de Asturias
de 29 junio 2018[54], relativa a cierto pacto colectivo verbal,
resultado de una «promesa, oferta, pacto o como se pueda
llamar»[55], realizada por la empresa para «contrarrestar la conflictividad anunciada por parte de los trabajadores»[56], y cuyo
contenido se difundió a través de las redes sociales de los sindicatos aceptantes del mismo, detallando al respecto la Sentencia todo lo siguiente: «[se difundió] en el blog de CCOO OEST
Asturias», resultando que «idéntico comunicado se publicó en
el Facebook de la sección sindical de CCOO OEST, se envió
por wasap a la lista de distribución afiliación de CCOO OEST y
se remitió por correo electrónico a sus afiliados»[57]; además, «el
20 julio 2016 USO OEST publica en Facebook y wasap que tras
la reunión mantenida con la empresa les informan de dos
cuestiones»[58]; y por último, que «UGT OEST publica en el Facebook el día 21 de julio que "la empresa, en el día de ayer,
nos convoca a reunión para trasladarnos varios temas, que pasamos a describiros a continuación"»[59]. Frente a la tesis de la
empresa, negadora de la existencia de ningún tipo de acuerdo
(sólo hubo según ella, «meras conversaciones», sin «solemnidad
alguna»), el grado de convicción alcanzado tanto por el Juzgado de lo Social de instancia como por la Sala de suplicación fue
tal, que resolvió estimar las pretensiones de los sindicatos pactantes, razonando que aunque no existiese aquí —en los términos del Título III del Estatuto de los Trabajadores— ningún
«convenio colectivo»[60], no podía en modo alguno excluirse la
asimilación del acuerdo verbal habido «al menos, con el pacto

---

54. *Aranzadi Instituciones*, referencia AS 2018/2087.
55. Véase Iván VIZCAÍNO RAMOS, «¿Puede ser válido y jurídicamente eficaz un acuerdo colectivo "verbal" de empresa?», cit., pág. 1687.
56. *Ibidem.*
57. *Ibidem.*
58. *Ibidem.*
59. *Ibidem*, págs. 1687-1688.
60. *Ibidem*, pág. 1689.

extraestatutario»[61], aunque no se tratase en este caso de un pacto verbal meramente interno o privado, pues gozaba «de la publicidad con que los sindicatos comunican el contenido del acuerdo a sus afiliados (ordinal cuarto de los hechos [relativo a Facebook, WhatsApp, blogs o correos electrónicos]), sin que la empresa [en la fase probatoria del acto de juicio] hubiera señalado objeción alguna o corrección»[62].

D) LA APLICACIÓN DEL PRINCIPIO DE NORMA MÁS FAVORABLE PARA RESOLVER CONFLICTOS DE CONCURRENCIA EN QUE ESTÉN IMPLICADOS CONVENIOS COLECTIVOS ESPAÑOLES VERBALES

11. Resultando doctrinalmente pacífico —como puse de relieve en su momento— que los convenios colectivos extraestatutarios «ordinarios» poseen eficacia normativa (bien limitada, tratándose sobre todo de convenios sectoriales o empresariales estipulados por sindicatos, bien general, en la hipótesis de que los concertasen los representantes legales o unitarios de los trabajadores)[63], la misma resulta debe predicarse de los convenios colectivos extraestatutarios «extraordinarios» (como los verbales a que vengo refiriéndome), con la consecuencia de que los conflictos de concurrencia en que puedan verse implicados deberán resolverse inexcusablemente aplicando el principio de norma más favorable *ex* artículo 3, apartado 3, del Estatuto de los Trabajadores, haciendo ahora mía también la explicación dada al juego de dicho principio por los dos co-directores de mi trabajo, según los cuales —realizando una interpretación integradora del conjunto de apartados del recién citado artículo 3[64]— «el principio de la comparación de nor-

---

61. *Ibidem.*
62. *Ibidem.*
63. Véase *supra*, Parte Segunda, números **14**, **15** y **16**.
64. Al respecto, véase Jesús MARTÍNEZ GIRÓN y Alberto ARUFE VARE-LA, *Derecho crítico del Trabajo. Critical Labor Law*, 4ª ed., Atelier (Barcelona,

mas en conjunto supone contemplar el principio de favorecimiento del trabajador desde una perspectiva horizontal», mientras que «en cambio, el principio de absorción y compensación supone contemplar el principio de favorecimiento del trabajador desde una perspectiva dinámica», teniendo en cuenta que en todos los casos «los Tribunales laborales aplicarán siempre la fuente de rango inferior, precisamente porque se trata de la fuente "más favorable para el trabajador"». Lo acredita la «muestra» jurisprudencial sobre convenios colectivos verbales estudiada por Arufe Varela, a cuyo tenor nada cabe objetar a la plena eficacia del convenio en cuestión, por ejemplo, si se tratase de «acuerdo verbal de modificación del convenio colectivo escrito, al efecto de mejorarlo o de adaptarlo a la "base del negocio" que cambió»[65], o también, tratándose de «acuerdo verbal de complemento del convenio colectivo escrito —aun de ámbito empresarial— el cual no tiene necesariamente por qué adaptarse como un guante a la realidad laboral de la concreta empresa en que regía»[66]. En la «muestra» jurisprudencial ampliada que yo vengo estudiando, habría que añadir los correctivos relativos a que el convenio colectivo verbal dejaría de aplicarse —aun siendo más favorable—, si ello implicase vulnerar una norma de carácter imperativo (por ejemplo, la de limitación de incrementos salariales en el sector público)[67] o perjudicar a terceros distintos de los sujetos comprendidos en su ámbito (recuérdese el registro extravagante creado por el INSS, obligando a redactar por escrito convenios colectivos verbales sobre jubilación parcial, que indudablemente podían perjudicarle)[68], aunque se mantenga la posición de que el convenio colectivo verbal concurrente se aplicará siempre que se

---

2016), págs. 33-35.

    65.   Véase Alberto ARUFE VARELA, «El convenio colectivo verbal. Comentario histórico, sistemático y posibilista del artículo 90.1 del Estatuto de los Trabajadores», cit., pág. 421.

    66.   *Ibidem.*

    67.   Véase *supra*, número **6**.

    68.   Véase *supra*, número **3**.

trate de la norma más favorable para el trabajador, como pasamos a comprobar acto seguido.

12. En mi «muestra» jurisprudencial ampliada de Sentencias de suplicación, lo prueban contundentemente las dos siguientes Sentencias. Ante todo, una de la Sala de lo Social del Tribunal Superior de Justicia de Cataluña de 21 febrero 2018[69], en la que se estima la pretensión salarial deducida por el trabajador, afirmando —frente al tenor menos favorable del convenio colectivo sectorial aplicable— que «el trabajador consolidó su derecho a cobrar dicho complemento a partir de 2015, no porque éste pendiera de un acuerdo individualizado con cada uno de los trabajadores a los que la empresa ... se lo dio, sino, como refiere la Sentencia del Juzgado Social núm. 26, porque ese derecho nació de un pacto colectivo verbal entre estos y la empresa, el cual sólo se extinguirá cuando exista otro pacto de la misma índole, o cuando el trabajador deje de hacer las funciones que le dan derecho a su percepción»[70]. Y también, otra Sentencia de la Sala de lo Social del Tribunal Superior de Justicia de Cataluña de 18 diciembre 2018[71], relativa a la modificación por un pacto colectivo verbal de la cláusula de subidas salariales ligadas al IPC establecidas en el convenio colectivo estatutario de empresa, implicando dicha enmienda su inaplicación temporal, según la cual «afirmada por la sentencia de instancia la existencia de dicho pacto ["verbal entre la empresa y la R[representación]L[egal de los]T[rabajadores] en el año 2012"], no podemos perder de vista que su objetivo es alterar, durante su vigencia, lo pactado en convenio colectivo de empresa»[72], en perjuicio de los trabajadores (la reclamación se produjo tras haberse producido nuevas alecciones a miembros del comité de empresa), por lo que debía declararse que «no es posible reconocer al mismo validez alguna para alterar lo esta-

---

69. *Aranzadi Instituciones*, referencia JUR 2018/140432.
70. Cfr. Fundamento de Derecho tercero.
71. *Aranzadi Instituciones*, referencia JUR 2019/90282.
72. Cfr. Fundamento de Derecho cuarto.

blecido en el convenio colectivo de empresa, manteniendo plena vigencia y aplicabilidad la previsión de su artículo 21, en cuanto a la aplicación del incremento del IPC desde el año 2009 y en años sucesivos, mientras no se haya establecido un acuerdo de nuevo convenio [colectivo estatutario]»[73], aunque —dada la complejidad jurídica del asunto— no procediese «la condena adicional del 10% de interés por mora, al no concurrir los requisitos del artículo 29 del ET, habiendo sido necesario el presente procedimiento para determinar la procedencia de la reclamación»[74].

13. En el límite, pero también de un interés doctrinal extraordinario, es una Sentencia de la Sala de lo Social del Tribunal Superior de Justicia de Extremadura de 26 septiembre 2017[75], relativa a un pleito sobre despido indirecto planteado por una trabajadora, en el que el telón de fondo era la concurrencia entre el artículo 50 del Estatuto de los Trabajadores y los preceptos sobre pago del salario del convenio colectivo provincial sectorial de hostelería, de un lado, y un pacto colectivo verbal estipulado por la empresa demandada y los representantes de sus trabajadores, del otro lado. El convenio colectivo verbal controvertido lo había declarado probado la Sentencia de instancia, afirmando al respecto la de suplicación que «la existencia de pacto colectivo verbal lo refiere en la fundamentación jurídica, fundamento de derecho segundo, que hemos de tenerlo en consideración, pues es doctrina reiterada del Tribunal Supremo ... la relativa al indudable valor fáctico de las declaraciones que con tal carácter se contienen de forma inadecuada en la fundamentación jurídica»[76]. Según esta Sentencia, el contenido del convenio colectivo verbal cuestionado se refería al pago del salario, constando probado el compromiso de la empresa —en virtud de tal pacto— «de abono fraccio-

---

73. *Ibidem.*
74. *Ibidem.*
75. *Aranzadi Instituciones*, referencia JUR 2017/253616.
76. Cfr. Fundamento de Derecho primero.

nado del salario, de forma que a principios de mes se les abonaba el 50% y el resto en fechas variables del mes, según la disponibilidad de liquidez, momento este último en que firmaban la nómina ..., no constando que la empresa adeudara cantidad alguna a la demandante»[77]. Dado que la trabajadora no se sentía vinculada por dicho pacto colectivo, ejercitó la acción *ex* artículo 50 del Estatuto de los Trabajadores por «retrasos continuados en el abono del salario pactado», apoyando dicha acción en el hecho de «haber formulado una denuncia en el año 2015 y otra en octubre del 2016 ante la Inspección de Trabajo denunciando el retraso continuado en el pago de los salarios desde hace más de 3 años»[78]. Ahora bien, su pretensión resultó desestimada tanto en la instancia como en suplicación, razonando al efecto esta Sentencia extremeña, en lo esencial, todo lo siguiente: 1) «el acuerdo entre la empresa y los trabajadores o sus representantes respecto al abono con retraso de los salarios puede restar al incumplimiento la gravedad precisa para la extinción»[79], cabiendo incluso considerarlo como un medio «para que la empresa siguiera adelante y no tuviera que reducir la plantilla»[80]; 2) «si existía un convenio sobre el aplazamiento del pago o su no exigencia puntual, no puede estimarse que la empresa incurriese en mora porque la deuda no estaba vencida, ni era exigible»[81]; y 3) «si el actor no estaba conforme con ese acuerdo, sólo podía pedir la rescisión del contrato con la indemnización de veinte días prevista en el artículo 41.2 del ET [no la de treinta y tres días prevista en el artículo 50 del propio ET], cosa que no hizo»[82].

---

77. Cfr. Fundamento de Derecho segundo.
78. Cfr. Fundamento de Derecho primero.
79. Cfr. Fundamento de Derecho segundo.
80. *Ibidem.*
81. *Ibidem.*
82. *Ibidem.*

E) LA TRANSPOSICIÓN DEL TEMA DE LA CONCURRENCIA DE LOS CONVENIOS COLECTIVOS VERBALES AL ORDENAMIENTO LABORAL PORTUGUÉS, CON APLICACIÓN DE LA METODOLOGÍA JURÍDICA COMPARATISTA DE LA JURISPRUDENCIA DE INTERESES

14. En el ordenamiento laboral portugués, no existen aparentemente registros ni doctrinales ni jurisprudenciales pronunciándose frontalmente sobre la posible existencia en Portugal de convenios colectivos verbales (aunque alguna referencia ocasional al tema podría aducirse, al menos en la jurisprudencia)[83], ni siquiera en el ámbito de lo que la mejor doctrina científica portuguesa denomina «negociación colectiva atípica» (a la que me referí, recuérdese, en su momento respectivo)[84]. En mi opinión, como gestor jurídico de relaciones humanas en la empresa, ningún obstáculo existe para que los acuerdos colectivos verbales no sólo se estipulen en las empresas portuguesas, sino incluso para que también puedan considerarse perfectamente válidos y eficaces (recuérdese, también, mi metáfora de que los acuerdos en cuestión constituye el aceite que engrasa el motor de las empresas, sin el cual no podrían funcionar correctamente ni en Portugal ni en España), supuesto siempre que se trate de pactos colectivos verbales más favorables para los trabajadores afectados que los corres-

---

83. En este sentido, véase Sentencia del Supremo Tribunal de Justicia de 2 octubre 1996 (proceso número 004415, ponente Manuel PEREIRA), donde consta probado que «en marzo de 1992, como consecuencia de diversas reuniones entre la demandada y los representantes del [sindicato] actor, quedó acordado, verbalmente, que a partir de aquella fecha las relaciones laborales entre los trabajadores afiliados al actor se regularían por el CCT entre la Asociación de Agricultores del Sur del Tajo y el SETAA» (cfr. apartado II). Textualmente, *«Em Março de 1992, na sequência de varias reuniões entre a Ré e representantes do Autor, ficou acordado, verbalmente, que a partir daquela data as relações laborais entre os trabalhadores filiados no Autor e a Ré seriam regulados pelo CCT entre a Associação de Agricultores do Sul do Tejo e o SETAA».*

84. Véase *supra*, Parte Primera, apartado E).

pondientes contenidos normativos de los convenios colectivos estándar, eventualmente concurrentes con ellos. Creo incluso que podría hablarse en Portugal de un anclaje normativo del tema, asimismo existente en España, y consistente en poder echar mano de la costumbre, el uso o la práctica de empresa, en cuanto que posible fuente reguladora de las relaciones laborales. Sigo en este punto el planteamiento de ARUFE VARELA, referido al Derecho del Trabajo español, allí donde recuerda —con invocación del artículo 151 de nuestra sexta Ley de Procedimiento Laboral (hoy artículo 153 de la Ley 36/2011, Reguladora de la Jurisdicción Social), y su referencia expresa al planteamiento de conflicto colectivo jurídico sobre aplicación e interpretación de «una práctica de empresa»[85]— que nuestra jurisprudencia laboral viene afirmando reiteradamente que «nos hallamos ante un uso normativo de empresa, una especie de convenio tácito al que la doctrina y decisiones jurisdiccionales vienen a otorgar el carácter de fuente»[86]. Con posterioridad, el tema puede seguir considerándose de palpitante actualidad en España (hay sectores enteros donde el peso de lo acostumbrado o consuetudinario es enorme, como sucede en la pesca)[87], cabiendo la cita a este respecto, por ejemplo, de un lado, de una Sentencia de la Sala de lo Social del Tribunal Superior de Justicia de Navarra de 27 junio 2011[88], en la que rotundamente se concluye, reiterando doctrina judicial anterior, que «la costumbre como fuente del derecho está prevista en el artículo primero del Código Civil y, aunque sea cierto que en el campo del Derecho del Trabajo, por el carácter imperativo de sus leyes, tenga menos proyección, la realidad es que a ella se refieren los artículos 3.1 y 4, 20.2 y 29.1 del Estatuto de

---

85. En la Ley 36/2011, véase el apartado 1 de dicho precepto.

86. Véase Alberto ARUFE VARELA, «El convenio colectivo verbal. Comentario histórico, sistemático y posibilista del artículo 90.1 del Estatuto de los Trabajadores», cit., pág. 423.

87. Al respecto, véase Xosé Manuel CARRIL VÁZQUEZ, *La seguridad social de los trabajadores del mar*, Civitas (Madrid, 1999), págs. 225 y ss.

88. *Aranzadi Instituciones*, referencia AS 2012/319.

los Trabajadores, de suerte que puede afirmarse que el uso profesional puede ser entendido como un pacto no explícito, como un *convenio colectivo tácito*»[89]; y de otro lado, de una Sentencia de la Sala de lo Social del Tribunal Superior de Justicia de La Rioja de 24 junio 2011[90], en la que a propósito del tema se consigna el importante matiz —que incide sobre la eficacia normativa del pacto colectivo «tácito» en cuestión— de que «nos encontramos ante un beneficio … que, en cuanto disfrutado por todos los trabajadores del centro de trabajo, *incluidos los incorporados con posterioridad a su implantación*, constituye un derecho colectivo que integra un pacto colectivo tácito»[91].

15. En Portugal, el precepto de referencia es el artículo 1 del Código del Trabajo de 2009, a cuyo tenor «el contrato de trabajo está sujeto en especial, a los instrumentos de reglamentación colectiva del trabajo [esto es, los acuerdos de empresa, acuerdos colectivos y contratos colectivos, en cuanto que instrumentos "negociales"], así como a los usos laborales que no contraríen el principio de buena fe»[92]. No puede dudarse de que se trata del precepto equivalente de los españoles recién citados sobre «prácticas de empresa», pues una Sentencia (*Acordão*) del Supremo Tribunal de Justicia de 27 noviembre 2018[93], con cita expresa de muy diversa doctrina científica portuguesa (relativa monográficamente, incluso, a los «usos de empresa»)[94], sobre la base de que en la empresa implicada se encontraba vigente una pluralidad de convenios colectivos distintos (todos

---

89.   Cfr. Fundamento de Derecho segundo.

90.   *Aranzadi Instituciones*, referencia JUR 2011/277928.

91.   Cfr. Fundamento de Derecho segundo.

92.   Textualmente, «*O contrato de trabalho está sujeito, em especial, aos instrumentos de regulamentação colectiva de trabalho, asim como aos usos laborais que não contrariem o princípio da boa fé*».

93.   Proceso 12766/17.4T8LSB.L1S1, Ponente RIBEIRO CARDOSO.

94.   Más es concreto, Júlio Manuel VIEIRA GOMES, «Dos usos da empresa em Direito do Trabalho», *Revista de Direito e de Estudos Sociais*, número 1-4 (2008), págs. 104 y ss.

referidos al sector bancario, como es frecuente en Portugal) y haciendo suya la doctrina científica traída a colación, afirma todo lo siguiente: 1) «la repetición (por un número significativo de veces, que no es posible fijar a priori) del pago de cierta cantidad, con identidad de título y/o cuantía, crea la convicción de su continuidad y conduce a que el trabajador, razonablemente, adapte su patrón de consumo a tal expectativa»[95]; 2) «el carácter vinculante de estas prácticas les resulta intrínseco, y puede ser, o no, explícitamente reconocido por la ley»[96]; y 3) «los usos laborales son ... hechos reguladores o conformadores de las relaciones de trabajo en ciertos ámbitos, y muy particularmente en la empresa concreta ..., y constituyen, según el tenor del artículo 1 del CT/2009 una fuente específica del Derecho del Trabajo»[97]. Tras el análisis del supuesto de hecho enjuiciado, esta Sentencia (que constituye a día de hoy, aparentemente, la última palabra sobre el tema pronunciada por el Supremo Tribunal de Justicia), creo pertinente realizar las siguientes reflexiones sobre el «uso de empresa» en Portugal, desde el punto de vista de la gestión jurídica de relaciones humanas (y teniendo en cuenta, además, la metodología de la jurisprudencia de intereses, ponderando no sólo los del empresario, sino también los de los trabajadores y sus representantes, teniendo en cuenta que aquí el llamado «interés vencido» lo representa el excesivo formalismo del legislador)[98], a saber: 1)

---

95. Véase apartado 4.2.1, *in fine*. Textualmente, «*A repetição (por um número significativo de vezes, que não é possível fixar a priori) do pagamento de certo valor, com identidade de título e/ou de montante, cría a convicção da sua continuidade e conduz a que o trabalhador, razoavelmente, paute o seu padrão de consumo por tal expectativa*».

96. *Ibidem*. Textualmente, «*O carácter vinculante destas práticas é-lhes intrínseco, e pode ser, ou não, explicitamente reconhecido pela lei*».

97. *Ibidem*. Textualmente, «*Os usos laborais são ... factos reguladores ou conformadores das relações de trabalho em cartos ámbitos, e muito particularmente no da empresa concreta ..., e constituem, nos termos do art. 1°, do CT/2009, uma fonte específica do direito do trabalho*».

98. Sigo en este punto a Jesús MARTÍNEZ GIRÓN, «Reestructuraciones empresariales», en el volumen *Reestructuraciones empresariales. XXXI Congre-*

constituye un instrumento simplificador de la gestión de las relaciones laborales, al operar en contextos de multiplicidad de convenios colectivos simultáneamente vigentes (y por lo mismo, concurrentes), dado que permite aplicar idénticas condiciones de trabajo a todos los trabajadores de la empresa, con independencia de cuál sea su concreta cobertura convencional; 2) constituye una elemento flexibilizador de la gestión de las relaciones laborales, al depender su vinculabilidad jurídica de cuál sea la concreta condición de trabajo a que el uso se refiera (la Sentencia en cuestión, recuérdese, apuntaba a que «no es posible fijar a priori» el grado de «repetición»); y 3) si puede ser unilateralmente decidido por el empresario, nada obsta a que también pueda ser creado en virtud de un convenio colectivo verbal (estipulado con alguno o algunos de los sindicatos actuantes en la empresa o, incluso, con la comisión de trabajadores, esto último a título de negociación colectiva «atípica»), pues la clave de su eficacia radica en el trato más favorable a los trabajadores (en Portugal, la regla general es que «las normas legales reguladoras del contrato de trabajo sólo pueden ser excluidas por contrato individual que establezca condiciones más favorables para el trabajador, si de ellas no resulte lo contrario»[99], aun siendo cierto, al efecto de prevenir conductas antisindicales, que «siempre que una norma legal reguladora del contrato de trabajo determine que la misma puede ser excluida por instrumento de reglamentación colectiva de trabajo, se entiende que no puede serlo por contrato de trabajo»[100]),

---

so *Anual de la Asociación Española de Derecho del Trabajo y de la Seguridad Social. A Coruña, 27 y 28 de mayo de 2021*, Servicio de Publicaciones del Ministerio de Trabajo y Economía Social (Madrid, 2021), allí donde procede a explicar (con cita de las correspondientes fuentes de autoridad) por qué razones procede a realizar «Un análisis de jurisprudencia de intereses» (págs. 21-24).

99.   Artículo 3, apartado 4, del Código del Trabajo. Textualmente, «*As normas legais reguladoras do contrato de trabalho só podem ser afastadas por contrato individual que estabeleça condições mais favoráveis para o trabalhador, se delas não resultar o contrário*».

100.   *Ibidem*, apartado 5. Textualmente, «*Sempre que uma norma legal reguladora do contrato de trabalho determine que a mesma pode ser afastada por*

pareciéndome que el pacto se adapta mejor que la decisión unilateral de efectos colectivos a las exigencia del «principio de la buena fe», a que expresamente se refiere el artículo 1 del Código del Trabajo.

16. Para concluir, me ha llamado la atención el hecho de que la Directiva (UE) 2019/1152, relativa a unas condiciones laborales transparentes y previsibles en la Unión Europea[101], establezca el deber del empresario de informar a los trabajadores, en cuanto que elemento esencial de su relación laboral, acerca de «*todo* convenio colectivo que regule las condiciones laborales del trabajador o, si se trata de convenios colectivos celebrados fuera de la empresa por instituciones u órganos paritarios especiales, el nombre de la institución o el órgano paritario competente en cuyo seno se hayan celebrado dichos convenios»[102]. Aunque extemporáneamente, Portugal cumplió sus deberes transpositorios de la misma, mediante la promulgación de la Ley número 13/2023, de 3 abril, de modificación del Código del Trabajo y legislación conexa, en el ámbito de la agenda del trabajo digno, dando nueva redacción al artículo 106 del Código del Trabajo, el cual pasa ahora a establecer el deber empresarial de informar al trabajador sobre «el instrumento de reglamentación colectiva de trabajo aplicable, si lo hubiera, y la designación de las respectivas entidades celebrantes»[103]. En este concreto punto, creo que Portugal ha cumplido fielmente los deberes que le imponía, en cuanto que Estado miembro, el Tratado de Funcionamiento de la Unión

---

instrumento de regulamentação colectiva de trabalho entende-se que o não pode ser por contrato de trabalho».

101. Sobre ella, véase José María MIRANDA BOTO, *Condiciones de trabajo transparentes y previsibles. Desafíos para el Derecho español en la transposición de la Directiva (UE) 2019/1152*, Tirant lo Blanch (Valencia, 2023), págs. 23 y ss.

102. Artículo 4, apartado 2, letra n).

103. Artículo 106, apartado 3, letra l). Textualmente, «*O instrumento de regulamentação coletiva de trabalho aplicável, se houver, e a designação das respetivas entidades celebrantes*».

Europea, especialmente teniendo en cuenta la realidad portuguesa de vigencia simultánea en la misma empresa de una pluralidad de convenios colectivos concurrentes (el empresario portugués, como es lógico, deberá informar al trabajador acerca de la vigencia de todos ellos). Otra cosa, en mi opinión, debería predicarse de España cuando se anime a transponer a nuestro ordenamiento laboral interno el concreto precepto recién citado de la Directiva en cuestión[104]. «*Todo* convenio colectivo» significa lo que significa, esto es, el convenio colectivo estatutario de eficacia normativa general aplicable en la empresa, pero también —supuesto que la pretensión de la Directiva es de transparencia máxima— el convenio colectivo extraestatutario vigente en la propia empresa (sin que quepa distinguir entre convenios colectivos en sentido estricto, de un lado, y convenios y acuerdos colectivos, del otro, pues es claro que la genérica expresión portuguesa «instrumento de reglamentación colectiva de trabajo» cubre con holgura el «acuerdo de empresa»), no sólo si se trata de un convenio colectivo extraestatutario «ordinario», sino también si se trata de los «extraordinarios» o verbales, supuesto que estos últimos incidiesen —como pretende la Directiva— sobre «elementos esenciales» de la relación laboral.

---

104. Criticando el estado de cosas español actual, véase Jesús MARTÍNEZ GIRÓN, «La Ley alemana de 20 de julio de 2022, de transposición de la Directiva (UE) 2019/1152, sobre condiciones de trabajo transparentes y previsibles en la Unión Europea», *Anuario Coruñés de Derecho Comparado del Trabajo*, volumen XV (2023), págs. 163 y ss.

Bibliografía citada

Manuel ALONSO OLEA, *El Estatuto de los Trabajadores. Texto y comentario breve*, Civitas (Madrid, 1980).

Manuel ALONSO OLEA, «Los pactos de seguridad sindical: algunas decisiones recientes», *Revista Española de Derecho del Trabajo*, número 12 (1982).

Manuel ALONSO OLEA y María Emilia CASAS BAAMONDE, *Derecho del Trabajo*, 26ª ed., Civitas-Thomson Reuters (Madrid, 2009).

Henar ÁLVAREZ CUESTA, «El impacto de la tecnología en las relaciones laborales: retos presentes y desafíos futuros», *Revista Justicia & Trabajo*, número 2 (2023).

Henar ÁLVAREZ CUESTA y José Gustavo RODRÍGUEZ HIDALGO, «Concurrencia entre convenios colectivos estatutarios y extraestatutarios—Ultraactividad», en el volumen *La eficacia de los convenios colectivos. XIII Congreso Nacional de Derecho del Trabajo y de la Seguridad Social. Murcia, 17 y 18 de mayo de 2002*, Ministerio de Trabajo y Asuntos Sociales (Madrid, 2003).

Alberto ARUFE VARELA, *La denuncia del convenio colectivo*, Civitas (Madrid, 2000).

Alberto ARUFE VARELA, «Un supuesto típico de sucesión, por convenio colectivo extraestatutario, de un convenio colectivo estatutario denunciado y vencido», en el volumen *La eficacia de los convenios colectivos. XIII Congreso Nacional de Derecho del Trabajo y de la Seguridad Social. Murcia, 17 y 18 de mayo de 2002*, Ministerio de Trabajo y Asuntos Sociales (Madrid, 2003).

Alberto ARUFE VARELA, «El convenio colectivo verbal. Comentario histórico, sistemático y posibilista del artículo 90.1 del Estatuto de los Trabajadores», *Revista Española de Derecho del Trabajo*, número 142 (2009).

Associação Portuguesa de Direito do Trabalho, *Contratação colectiva: Velhos e novos desafíos em Portugal e Espanha*, AAFDL (Lisboa, 2017).

José BARROS MOURA, *A convenção colectiva entre as fontes de Direito do Trabalho*, Almedina (Coimbra, 1984).

Andrés BEJARANO HERNÁNDEZ, «La aplicación de los principios de norma mínima y norma más favorable en caso de concurrencia entre un convenio colectivo estatutario y otro de carácter extraestatutario», *Revista de Derecho Social*, número 43 (2008).

Holger BRECHT-HEITZMANN, «La nueva pluralidad de convenios colectivos en el Derecho alemán del Trabajo», *Anuario da Facultade de Dereito da Universidade da Coruña*, volumen 15 (2011).

Xosé Manuel CARRIL VÁZQUEZ, *La seguridad social de los trabajadores del mar*, Civitas (Madrid, 1999).

Xosé Manuel CARRIL VÁZQUEZ, «La preferencia aplicativa de los acuerdos y convenios suscritos en el ámbito autonómico gallego, sobre los de ámbito estatal, cuando su regulación resulte más favorable», *Revista General de Derecho del Trabajo y de la Seguridad Social*, número 68 (2024).

Benito COUCEIRO NAVEIRA, *Las relaciones laborales de los trabajadores del sector bancario en los Estados Unidos.*

Un estudio comparado con el Derecho español, Lefebvre-El Derecho, SA (Madrid, 2021).

Jesús CRUZ VILLALÓN, «Estructura y concurrencia entre convenios colectivos», *Revista del Ministerio de Trabajo y Asuntos Sociales*, número 68 (2007).

Roberto FERNÁNDEZ FERNÁNDEZ, «La igualdad por razón de género en los planes de igualdad», en Henar ÁLVAREZ CUESTA (Coordinadora) y Susana RODRÍGUEZ ESCANCIANO (Directora), *Propuestas para la igualdad por razón de género en los procesos de negociación colectiva*, Thomson Reuters-Aranzadi (Cizur Menor, Navarra, 2016).

Luis FERREIRA DE ALMEIDA CARNEIRO, «Notas sobre los apremios pecuniarios en el Derecho procesal portugués del Trabajo», *Anuario Coruñés de Derecho Comparado del Trabajo*, volumen XI (2019).

José Ángel FOLGUERA CRESPO, Fernando SALINAS MOLINA y María Luisa SEGOVIANO ASTABURUAGA, *Comentarios a la Ley Reguladora de la Jurisdicción Social*, 3ª ed., Thomson Reuters-Lex Nova (Valladolid, 2012).

Bernardo da GAMA LOBO XAVIER (con la colaboración de Pedro FURTADO MARTINS, António NUNES DE CARVALHO y Joana VASCONCELOS), *Manual de Direito do Trabalho*, 4ª ed., Rei Livros (Lisboa, 2020).

Javier GÁRATE CASTRO, *Derecho Sindical. Volumen II. Negociación colectiva laboral*, Bomarzo (Albacete, 2024).

Joaquín GARCÍA MURCIA, «Criterios de articulación y concurrencia de convenios colectivos en la legislación española», *Revista de Estudios Jurídico Laborales y de Seguridad Social*, número 9 (2024).

Jordi GARCÍA VIÑA, «Los convenios colectivos extraestatutarios. Régimen jurídico y relación con los convenios colectivos estatutarios», *Tribuna Social. Revista de Seguridad Social y Laboral*, número 118 (2000).

Júlio GOMES, «Dos usos da empresa em Direito do Trabalho», *Revista de Direito e de Estudos Sociais*, número 1-4 (2008).

Júlio GOMES, «A contratação colectiva in peius e a representatividade sindical», *Questões Laborais*, número 44 (2014).

Luís GONÇALVES DA SILVA, *Notas sobre a eficacia normativa das convenções colectivas*, Almedina (Coimbra, 2002).

Luís GONÇALVES DA SILVA, «Artigo 481º», en Pedro ROMANO MARTINEZ, Luís Miguel MONTEIRO, Pedro MADEIRA DE BRITO, Guilherme DRAY y Luís GONÇALVES DA SILVA, *Código do Trabalho. Anotado*, 9ª ed., Almedina (Coimbra, 2013).

Beatriz GUTIÉRREZ-SOLAR CALVO, «La impugnación de convenios colectivos extraestatutarios en supuestos de concurrencia con convenios estatutarios (Comentario a la STS de 16 de mayo de 2002)», *Relaciones Laborales. Revista Crítica de Teoría y Práctica*, volumen II (2002).

Djamil Toni KAHALE CARRILLO, «La concurrencia de convenios colectivos: España y Portugal», en el volumen *Perspectivas de la negociación colectiva en el marco comparado europeo. XXV Congreso Nacional de Derecho del Trabajo y de la Seguridad Social. León, mayo de 2015. Asociación Española de Derecho del Trabajo y de la Seguridad Social*, Cinca (Madrid, 2015).

João LEAL AMADO, Milena SILVA ROUXINOL, Catarina NUNES VICENTE, Catarina GOMES SANTOS y Teresa COELHO MOREIRA, *Direito do Trabalho. Relação individual*, 2ª ed., Almedina (Coimbra, 2023).

Sara LEITÃO, *Código do Trabalho Português. Portuguese Labour Code*, Instituto de Direito do Trabalho (Lisboa, 2024).

María del Carmen LÓPEZ ANIORTE, *La concurrencia de convenios colectivos*, Tirant lo Blanch (Valencia, 1999).

María del Carmen LÓPEZ ANIORTE y Alejandra SELMA PENALVA, «La prohibición legal de afectación *ex* art. 84 ET y sus excepciones», en el volumen *La eficacia de los convenios colectivos. XIII Congreso Nacional de Derecho del Trabajo y de la Seguridad Social*, Servicio de Publicaciones del Ministerio de Trabajo y Asuntos Sociales (Madrid, 2003).

Yolanda MANEIRO VAZQUEZ, «El deber de negociar de buena fe en el período de consultas, ¿también para los representantes de los trabajadores? Comentario a la Sentencia del Tribunal Supremo 843/2018, de 18 de septiembre», *Revista de Trabajo y Seguridad Social. CEF*, número 430 (2019).

Yolanda MANEIRO VÁZQUEZ y José María MIRANDA BOTO (Coordinadores), *As 67 dúbidas mais frecuentes na negociación colectiva*, 2ª ed., Consello Galego de Relacións Laborais (Santiago de Compostela, 2015).

Antonio MARTÍN VALVERDE, «Concurrencia y articulación de normas laborales», *Revista de Política Social*, número 119 (1978).

Antonio MARTÍN VALVERDE y JOAQUÍN GARCÍA MURCIA, *Derecho del Trabajo*, 33ª ed., Tecnos (Madrid, 2024).

María de los Reyes MARTÍNEZ BARROSO y Diego MEGINO FERNÁNDEZ, «Telemática y pruebas procesales: Comentario a la Sentencia del Tribunal Superior de Justicia de Galicia de 3 de junio de 2020», *Revista de Trabajo y Seguridad Social. CEF*, número 452 (2020).

Jesús MARTÍNEZ GIRÓN, *Los pactos de procedimiento en la negociación colectiva*, IELSS (Madrid, 1985).

Jesús MARTÍNEZ GIRÓN, «La negociación colectiva "extraestatutaria"», *Revista del Ministerio de Trabajo y Asuntos Sociales*, número 68 (2007).

Jesús MARTÍNEZ GIRÓN, «Errores de traducción jurídica, en asuntos laborales y de seguridad social, cometidos por los poderes públicos», *Anuario Coruñés de Derecho Comparado del Trabajo*, volumen XIII (2021).

Jesús MARTÍNEZ GIRÓN, «Reestructuraciones empresariales», en el volumen *Reestructuraciones empresariales. XXXI Congreso Anual de la Asociación Española de Derecho del Trabajo y de la Seguridad Social. A Coruña, 27 y 28 de mayo de 2021*, Servicio de Publicaciones del Ministerio de Trabajo y Economía Social (Madrid, 2021).

Jesús MARTÍNEZ GIRÓN, «Prólogo» a Alberto ARUFE VARELA, *El personal laboral de la Oficina Internacional del Trabajo de la OIT*, Comares (Granada, 2021).

Jesús MARTÍNEZ GIRÓN, «La Ley alemana de 20 de julio de 2022, de transposición de la Directiva (UE) 2019/1152, sobre condiciones de trabajo transparentes y previsibles en la Unión Europea», *Anuario Coruñés de Derecho Comparado del Trabajo*, volumen XV (2023).

Jesús MARTÍNEZ GIRÓN y Alberto ARUFE VARELA, *Derecho crítico del Trabajo. Critical Labor Law*, 4ª ed., Atelier (Barcelona, 2016).

Jesús MARTÍNEZ GIRÓN y Alberto ARUFE VARELA, *Deporte profesional de-generado. Un estudio sobre feminismo radical*, Atelier (Barcelona, 2017).

Jesús MARTÍNEZ GIRÓN y Alberto ARUFE VARELA, «El impacto de la obra científica del profesor António Monteiro Fernandes en la literatura jurídico laboral española», en Bernardo da Gama LOBO XAVIER, María do Rosário PALMA RAMALHO, José João ABRANTES, João LEAL AMADO y Sérgio TENREIRO TOMÁS (Coordinadores), *Estudos de Direito do Trabalho em homengem ao Professor António Monteiro Fernandes*, Nova Causa Edições Jurídicas (Lisboa, 2017), Parte 1.

Jesús MARTÍNEZ GIRÓN y Alberto ARUFE VARELA, *Fundamentos de Derecho comparado del Trabajo y de la Seguridad Social*, 3ª ed., Atelier (Barcelona, 2023).

António MENEZES CORDEIRO, *Convenções colectivas de trabalho e alterações de circunstancias*, Lex (Lisboa, 1995).

Jesús R. MERCADER UGUINA, *Estructura de la negociación colectiva y relaciones entre convenios*, Civitas (Madrid, 1994).

Jesús R. MERCADER UGUINA (Director) y Ana DE LA PUEBLA PINILLA y Francisco Javier GÓMEZ ABELLEIRA (Coordinadores), *Ley reguladora de la jurisdicción social comentada con jurisprudencia*, La Ley (Madrid, 2015).

José María MIRANDA BOTO, *Condiciones de trabajo transparentes y previsibles. Desafíos para el Derecho español en la transposición de la Directiva (UE) 2019/1152*, Tirant lo Blanch (Valencia, 2023).

José Luis MONEREO PÉREZ, Cristóbal MOLINA NAVARRETE y Nieves MORENO VIDA, *Derecho Sindical*, 9ª ed., Comares (Granada, 2014),

António MONTEIRO FERNANDES, *Direito do Trabalho*, 13ª ed., Almedina (Coimbra, 2006).

António MONTEIRO FERNANDES, *Direito do Trabalho*, 22ª ed., Almedina (Coimbra, 2023).

Alfredo MONTOYA MELGAR, *Derecho del Trabajo*, 45ª ed. [revisada y puesta al día por Antonio V. SEMPERE NAVARRO], Tecnos (Madrid, 2024).

María del Rosário PALMA RAMALHO, *Negociação colectiva atípica*, Almedina (Coimbra, 2009).

María del Rosário PALMA RAMALHO, *Tratado de Direito do Trabalho. Parte III. Situações laboráis colectivas*, 4ª ed., Almedina (Coimbra, 2023).

Paula QUINTAS y Hélder QUINTAS, *Código do Trabalho. Anotado he comentado*, 8ª ed., Almedina (Coimbra, 2024).

Miguel RODRÍGUEZ-PIÑERO ROYO, «La articulación de la negociación colectiva», en el volumen *La eficacia de los convenios colectivos. XIII Congreso Nacional de Derecho del Trabajo y de la Seguridad Social*, Servicio de Publicaciones del Ministerio de Trabajo y Asuntos Sociales (Madrid, 2003).

Pedro ROMANO MARTINEZ, *Direito do Trabalho*, 7ª ed., Almedina (Coimbra, 2015).

Pedro ROMANO MARTINEZ, *Direito do Trabalho*, 11ª ed., IDT-Almedina (Coimbra, 2023).

Pedro ROMANO MARTÍNEZ, Luís Miguel MONTEIRO, Joana VASCONCELOS, Pedro MADEIRA DE BRITO, Guilherme MACHADO DRAY y Luís GONÇALVES DA SILVA, *Código do Trabalho. Anotado*, 13ª ed., Almedina (Coimbra, 2020).

María José ROMERO RÓDENAS, *Planes de igualdad*, Bomarzo (Albacete, 2017).

Mário SILVEIRO DE BARROS, *Los honorarios de abogados en procesos de Seguridad Social. Un estudio comparado de los ordenamientos norteamericano, español y portugués*, Atelier (Barcelona, 2017).

Luísa TEIXEIRA ALVES, *El cumplimiento de la Carta Social Europea en materia de salarios. Un estudio comparado de los ordenamientos laborales portugués, español e italiano*, Atelier (Barcelona, 2014).

Isabel VIEIRA BORGES, «Niveis de negociação colectiva e eficacia erga omnes da convenção colectiva de trabalho: abordagem tradicional e novas tendências. Notas», en Associação Portuguesa de Direito do Trabalho, *Contratação colectiva: Velhos e novos desafíos em Portugal e Espanha*, AAFDL (Lisboa, 2017).

Luis Enrique DE LA VILLA GIL, «Prólogo» a Jesús R. MERCADER UGUINA, *Estructura de la negociación colectiva y relaciones entre convenios*, Civitas (Madrid, 1994).

Luis Enrique DE LA VILLA GIL, «La investigación en serio del Derecho comparado. Acerca de las obras de Jesús Federico Martínez Girón y de Alberto Arufe Varela», *Revista General de Derecho del Trabajo y de la Seguridad Social*, número 68 (2024).

Alicia VILLALBA SÁNCHEZ, *El derecho a recibir información de la empresa para una transición laboral justa*, Aranzadi (Madrid, 2024).

Iván VIZCAÍNO RAMOS, «¿Puede ser válido y jurídicamente eficaz un acuerdo colectivo "verbal" de empresa?», en el volumen *El futuro del trabajo: Cien años de la OIT. XXIX Congreso Anual de la Asociación Española de Derecho del Trabajo y de la Seguridad Social*, Ministerio de Trabajo, Migraciones y Seguridad Social (Madrid, 2019).

Ulrich ZACHERT, Jesús MARTÍNEZ GIRÓN y Alberto ARUFE VARELA, *Los grandes casos judiciales sobre Derecho alemán del Trabajo. Estudio comparado con el Derecho español y traducción castellana*, Netbiblo (A Coruña, 2008).